中国农村合作经济统计年报

（2020 年）

农业农村部农村合作经济指导司　编

中国农业出版社

北　京

编写委员会

主　编：张天佐

副主编：赵铁桥　王　锋　毛德智　张　涛

参　编（按姓名笔画排序）：

马　晔　王　蕾　王海鹏　王梦颖　王彩明

朱丽丽　仲鹭勃　刘　静　孙少磊　李　琳

李世武　李政良　张　成　张海姣　呼　倩

贺　潇　高小军　郭娜英　韩周杰

（各地参编人员）

石　慧（北京）　高　艳（天津）　靖海锋（河北）

郝　丽（山西）　王红宇（内蒙古）　梁　丽（辽宁）

于　雷（吉林）　谢忠秋（黑龙江）　张　礌（上海）

陶　莉（江苏）　潘华丽（浙江）　章杰华（安徽）

郑　佳（福建）　李　菲（江西）　潘东崛（山东）

韩逸涵（河南）　左　军（湖北）　蒋圣全（湖南）

郭　艺（广东）　刘　君（广西）　范旸昊（海南）

周清泉（重庆）　何　苗（四川）　贺肖寒（贵州）

瞿学明（云南）　庹书炜（陕西）　任燕红（甘肃）

罗　娜（青海）　张　霞（宁夏）　郭岩青（新疆）

编者说明

　　农村合作经济统计报表制度由国家统计局批准执行，是国家农业农村经济社会统计制度的重要组成部分。《中国农村合作经济统计年报（2020年）》根据农村合作经济统计报表制度的调查数据汇总、编辑而成。

　　本书主要包括两部分。第一部分系统收录了各省、自治区、直辖市（不含西藏）2020年农村合作经济统计各项数据和全国汇总数据，包括农业社会化服务、农民专业合作社、农民负担、农经机构队伍、农村宅基地管理利用、乡村治理等方面。第二部分收录了2020年农村合作经济统计系列分析报告。为方便读者参考，本书最后附有主要统计指标解释。

编　　者

2021 年 12 月

目　录

第一篇 **1**

2020年农村合作经济统计数据

表1 全国农业社会化服务情况统计表

指标名称	代码	计量单位	数量	比上年增长（%）
一、农民专业合作社开展农业社会化服务的情况				
（一）开展农业社会化服务的农民专业合作社数量	1	个	312 965	12.8
（二）从业人员数	2	人	3 780 903	-6.4
（三）服务营业收入	3	万元	7 051 073.4	-0.3
其中：服务小农户的营业收入	4	万元	4 270 392.4	-1.2
（四）服务对象数量	5	个（户）	39 612 935	-36.3
其中：服务小农户的数量	6	个（户）	33 078 559	-34.3
二、农村集体经济组织开展农业社会化服务的情况				
（一）开展农业社会化服务的农村集体经济组织数量	7	个	63 591	0.7
（二）从业人员数	8	人	1 395 580	-27.6
（三）服务营业收入	9	万元	721 352.2	-13.7
其中：服务小农户的营业收入	10	万元	459 888.9	-13.8
（四）服务对象数量	11	个（户）	9 052 291	-7.7
其中：服务小农户的数量	12	个（户）	7 086 714	5.0
三、企业开展农业社会化服务的情况				
（一）开展农业社会化服务的企业数量	13	个	36 080	6.4
（二）从业人员数	14	人	757 783	10.9
（三）服务营业收入	15	万元	5 135 492.2	6.3
其中：服务小农户的营业收入	16	万元	1 973 072.3	-19.8
（四）服务对象数量	17	个（户）	18 102 164	0.7
其中：服务小农户的数量	18	个（户）	14 844 356	5.9
四、各类农业服务专业户开展农业社会化服务的情况				
（一）开展农业社会化服务的各类农业服务专业户数量	19	个	458 832	2.9
（二）从业人员数	20	人	1 045 867	-24.5
（三）服务营业收入	21	万元	2 660 697.1	11.4
其中：服务小农户的营业收入	22	万元	1 770 094.0	-0.6
（四）服务对象数量	23	个（户）	20 377 801	13.1

（续）

指标名称	代码	计量单位	数量	比上年增长（%）
其中：服务小农户的数量	24	个（户）	17 463 045	15.4
五、其他服务主体开展农业社会化服务的情况				
（一）开展农业社会化服务的其他服务组织数量	25	个	83 479	14.5
（二）从业人员数	26	人	355 432	11.8
（三）服务营业收入	27	万元	766 925.2	−56.5
其中：服务小农户的营业收入	28	万元	506 550.5	−2.1
（四）服务对象数量	29	个（户）	6 627 773	−1.0
其中：服务小农户的数量	30	个（户）	5 574 341	−1.2
六、农业生产托管服务面积	**31**	**亩次**	**1 670 056 711.1**	**10.6**
其中：（一）耕	32	亩次	448 791 667.3	11.2
其中：小农户托管的面积	33	亩次	304 111 625.7	14.5
（二）种	34	亩次	370 815 156.4	8.9
其中：小农户托管的面积	35	亩次	246 301 552.0	14.3
（三）防	36	亩次	326 680 236.0	10.3
其中：小农户托管的面积	37	亩次	211 619 746.6	20.8
（四）收	38	亩次	459 697 370.7	10.5
其中：小农户托管的面积	39	亩次	312 277 526.4	16.5
七、农业生产托管服务组织数量	**40**	**个**	**495 566**	**12.4**
（一）农村集体经济组织	41	个	31 789	2.8
服务粮食作物的面积	42	亩次	58 443 915.1	21.1
（二）农民专业合作社	43	个	153 804	10.7
服务粮食作物的面积	44	亩次	576 421 178.6	20.8
（三）企业	45	万个	16 082	9.6
服务粮食作物的面积	46	亩次	98 493 793.1	15.2
（四）服务专业户	47	个	245 159	13.0
服务粮食作物的面积	48	亩次	265 304 711.6	34.8
（五）其他组织	49	个	48 732	23.7
服务粮食作物的面积	50	亩次	62 584 041.4	13.8

表1-1 各地区农业社会化服务情况统计表

地区	开展农业社会化服务的农民专业合作社数量（个）	农民专业合作社从业人员数（人）	农民专业合作社服务营业收入（万元）	农民专业合作社服务小农户的营业收入（万元）	农民专业合作社服务对象数量（个/户）
全 国	312 965	3 780 903	7 051 073.4	4 270 392.4	39 612 935
北 京	651	4 316	46 000.2	46 000.2	141 062
天 津	659	6 078	14 385.6	6 750.4	150 145
河 北	12 318	146 589	150 847.6	95 192.2	3 229 019
山 西	16 303	130 591	140 073.9	95 658.3	1 404 628
内蒙古	6 969	46 691	208 803.9	113 354.5	598 824
辽 宁	9 294	84 844	172 775.6	120 941.3	789 468
吉 林	11 886	106 546	154 214.1	109 325.4	761 358
黑龙江	4 816	59 135	202 124.1	131 069.8	465 708
上 海	303	3 268	19 627.6	10 429.9	26 434
江 苏	12 838	305 889	419 009.5	170 322.1	2 424 306
浙 江	5 451	49 204	218 009.8	125 064.8	504 838
安 徽	20 376	196 002	740 924.0	403 751.8	3 832 076
福 建	1 206	13 082	47 603.1	33 740.4	214 746
江 西	9 550	88 922	173 119.7	84 508.5	1 218 943
山 东	29 980	326 283	758 774.6	493 196.4	4 425 540
河 南	49 479	422 525	553 219.5	310 157.4	5 534 956
湖 北	16 140	250 086	898 207.3	649 049.7	1 665 122
湖 南	36 401	664 636	851 475.7	514 268.8	3 604 388
广 东	9 163	107 185	231 972.0	92 465.2	472 848
广 西	6 595	83 338	104 378.7	61 815.4	1 006 714
海 南	1 184	12 490	8 354.8	3 191.0	18 249
重 庆	3 670	25 607	44 091.2	22 970.6	551 939
四 川	9 960	117 416	156 884.2	89 544.8	2 205 693
贵 州	7 991	114 425	82 615.7	42 158.9	1 383 415
云 南	4 008	59 575	136 388.9	94 302.7	779 938
陕 西	12 911	181 014	171 856.5	91 830.5	881 982
甘 肃	8 733	132 250	191 196.8	156 416.3	573 486
青 海	693	3 951	11 848.1	9 766.6	92 873
宁 夏	479	4 280	22 941.2	14 797.7	146 127
新 疆	2 958	34 685	119 349.6	78 350.8	508 110

（续）

地区	农民专业合作社服务小农户的数量（户）	开展农业社会化服务的农村集体经济组织数量（个）	农村集体经济组织从业人员数（人）	农村集体经济组织服务营业收入（万元）	农村集体经济组织服务小农户的营业收入（万元）
全 国	33 078 559	63 591	1 395 580	721 352.2	459 888.9
北 京	141 062	0	0	0.0	0.0
天 津	118 680	145	871	795.3	353.0
河 北	2 852 464	2 554	50 348	15 781.6	9 725.4
山 西	1 240 909	3 337	83 670	16 955.6	9 455.6
内蒙古	520 182	249	1 236	2 863.2	2 094.4
辽 宁	722 279	555	13 148	9 782.5	8 080.2
吉 林	636 518	107	1 669	4 499.8	1 460.6
黑龙江	402 692	743	12 545	15 982.5	12 769.7
上 海	22 634	0	0	0.0	0.0
江 苏	1 886 551	3 601	121 694	82 826.2	37 015.9
浙 江	429 550	761	9 844	15 344.9	8 139.9
安 徽	3 337 982	2 732	32 403	32 505.1	20 773.9
福 建	198 305	106	19 832	38 431.8	32 605.2
江 西	943 034	2 299	21 260	6 717.0	3 946.9
山 东	3 851 053	6 926	109 731	42 029.2	30 895.1
河 南	4 527 455	8 205	65 757	56 715.8	31 296.5
湖 北	1 427 249	2 647	13 451	57 881.4	53 458.8
湖 南	2 815 398	6 701	297 602	191 014.7	137 849.0
广 东	365 143	4 287	139 459	22 639.3	7 129.1
广 西	839 114	1 585	82 077	13 312.2	3 607.8
海 南	15 319	1 076	50 622	18.0	15.9
重 庆	510 900	1 166	7 021	6 728.4	5 427.6
四 川	1 972 906	2 091	20 672	14 566.1	9 030.6
贵 州	924 537	4 786	104 209	20 686.0	14 278.6
云 南	687 525	1 006	2 724	2 313.2	1 288.4
陕 西	579 331	4 878	128 043	45 948.0	15 419.4
甘 肃	485 982	903	4 856	1 343.0	549.7
青 海	69 998	65	313	1 282.5	1 202.1
宁 夏	128 709	67	415	1 978.5	1 660.8
新 疆	425 098	13	108	410.3	358.6

（续）

地区	农村集体经济组织服务对象数量（户）	农村集体经济组织服务小农户的数量（户）	开展农业社会化服务的企业数量（个）	企业从业人员数（人）	企业服务营业收入（万元）
全　国	9 052 291	7 086 714	36 080	757 783	5 135 492.2
北　京	0	0	17	598	1 703.6
天　津	16 035	13 356	137	1 205	25 193.3
河　北	383 874	355 340	1 992	21 943	44 820.1
山　西	388 511	273 464	883	6 016	24 580.1
内蒙古	26 727	21 515	953	3 755	32 493.9
辽　宁	86 283	69 599	729	3 868	20 172.5
吉　林	6 996	6 707	343	3 219	57 080.0
黑龙江	82 941	73 553	448	3 653	78 148.5
上　海	0	0	89	419	5 230.5
江　苏	1 029 934	710 812	1 093	20 336	423 825.9
浙　江	141 403	108 113	1 833	25 086	167 117.2
安　徽	554 949	486 113	2 470	25 037	457 320.8
福　建	26 234	25 310	205	2 200	20 091.4
江　西	236 690	209 030	1 511	18 733	129 437.6
山　东	672 720	548 705	3 119	53 173	803 933.8
河　南	1 339 656	1 023 377	4 394	82 697	406 519.5
湖　北	284 132	269 996	1 326	27 846	142 808.4
湖　南	1 152 115	842 494	3 988	101 204	253 629.6
广　东	336 026	206 074	1 308	18 576	123 969.6
广　西	142 313	101 281	1 361	77 799	891 542.9
海　南	7 830	6 267	211	8 358	13 837.5
重　庆	175 176	165 495	1 257	10 714	41 345.4
四　川	424 937	378 797	1 095	20 653	413 054.2
贵　州	758 433	575 613	1 787	156 978	61 021.4
云　南	97 795	70 675	1 052	16 912	92 147.5
陕　西	548 864	440 093	1 655	21 494	124 048.9
甘　肃	94 690	71 975	395	19 419	200 858.0
青　海	11 656	11 093	42	994	15 057.9
宁　夏	24 144	20 724	221	2 272	21 898.2
新　疆	1 227	1 143	166	2 626	42 604.1

（续）

地区	企业服务小农户的营业收入（万元）	企业服务对象数量（户）	企业服务小农户的数量（户）	开展农业社会化服务的各类农业服务专业户数量(个)	各类农业服务专业户从业人员数（人）
全　国	1 973 072.3	18 102 164	14 844 356	458 832	1 045 867
北　京	185.5	2 217	1 920	0	0
天　津	2 845.8	34 919	26 726	2 758	5 519
河　北	25 353.2	795 022	683 968	40 332	67 707
山　西	17 433.1	183 392	165 510	20 583	36 391
内蒙古	21 790.6	137 786	121 314	5 478	10 253
辽　宁	7 953.6	60 229	38 896	14 294	25 565
吉　林	22 239.0	114 973	107 324	10 909	29 885
黑龙江	24 772.9	55 493	49 765	31 036	63 335
上　海	1 970.1	10 941	9 324	453	774
江　苏	44 167.3	525 871	391 696	43 346	90 365
浙　江	29 211.2	287 075	238 110	4 293	10 177
安　徽	68 168.5	569 462	389 067	21 087	44 748
福　建	16 426.0	13 825	9 571	1 651	6 003
江　西	57 955.3	436 438	277 073	10 403	27 042
山　东	503 272.8	855 538	701 393	59 752	124 378
河　南	137 717.4	8 243 797	7 647 071	55 356	163 526
湖　北	108 076.5	184 503	147 521	8 386	42 245
湖　南	134 859.9	919 256	638 170	23 523	86 533
广　东	9 610.9	598 392	416 455	9 671	23 106
广　西	165 940.3	500 788	403 787	35 581	53 662
海　南	9 716.4	22 287	21 092	1 210	4 396
重　庆	33 787.5	313 071	291 293	3 319	7 706
四　川	272 114.5	727 456	647 266	10 451	32 307
贵　州	17 719.4	390 668	256 016	6 923	27 609
云　南	62 652.5	1 016 806	295 862	8 569	18 800
陕　西	76 375.8	493 518	345 138	6 167	13 691
甘　肃	45 971.3	158 511	126 941	6 722	9 254
青　海	13 708.2	193 874	184 064	1 008	1 293
宁　夏	15 112.4	154 501	145 818	305	846
新　疆	25 964.2	101 555	66 205	15 266	18 751

（续）

地区	各类农业服务专业户服务营业收入(万元)	各类农业服务专业户服务小农户的营业收入(万元)	各类农业服务专业户服务对象数量(户)	各类农业服务专业户服务小农户的数量(户)	开展农业社会化服务的其他服务主体数量(个)
全　国	2 660 697.1	1 770 094.0	20 377 801	17 463 045	83 479
北　京	0.0	0.0	0	0	0
天　津	12 187.5	7 359.5	163 793	153 952	15
河　北	106 416.8	82 707.3	1 992 930	1 765 529	2 871
山　西	80 085.0	63 864.3	1 156 215	1 095 870	13 047
内蒙古	23 787.3	16 663.3	145 638	124 468	1 650
辽　宁	66 545.7	53 244.7	514 178	471 634	4 851
吉　林	88 610.6	69 358.8	362 649	249 528	2 959
黑龙江	141 613.8	110 276.6	505 915	446 896	1 334
上　海	2 020.2	454.9	7 469	6 022	35
江　苏	192 598.0	114 965.6	2 348 830	1 956 385	7 603
浙　江	80 527.5	57 806.2	226 653	208 490	2 348
安　徽	153 899.1	74 505.9	1 065 226	847 839	6 494
福　建	17 035.8	14 292.4	79 155	73 660	595
江　西	64 452.2	38 670.5	574 230	482 057	2 895
山　东	407 106.0	348 420.6	3 011 155	2 705 603	4 072
河　南	298 482.7	165 807.0	2 561 161	2 113 205	7 474
湖　北	147 173.7	111 180.6	521 254	481 825	2 008
湖　南	383 563.0	206 183.2	1 206 886	785 774	6 912
广　东	18 755.7	12 068.8	259 285	227 701	1 440
广　西	90 615.5	33 482.0	435 483	383 813	1 331
海　南	1 562.7	1 292.2	30 149	22 283	78
重　庆	8 868.5	6 546.4	105 753	89 669	4 275
四　川	41 643.6	26 509.0	880 528	731 355	2 549
贵　州	19 579.1	10 542.0	457 172	429 077	1 937
云　南	64 270.0	56 735.5	1 016 806	930 947	2 113
陕　西	40 186.6	17 195.8	225 975	199 183	546
甘　肃	19 022.9	11 857.3	176 470	164 420	238
青　海	4 241.4	3 098.1	93 910	92 631	528
宁　夏	15 210.9	8 105.1	97 452	94 700	100
新　疆	70 635.3	46 900.6	155 481	128 529	1 181

（续）

地区	其他服务主体从业人员数（人）	其他服务主体服务营业收入（万元）	其他服务主体服务小农户的营业收入（万元）	其他服务主体服务对象数量（户）	其他服务主体服务小农户的数量（户）
全　国	355 432	766 925.2	506 550.5	6 627 773	5 574 341
北　京	0	0.0	0.0	0	0
天　津	35	127.0	90.5	4 471	3 128
河　北	4 768	6 241.0	3 962.4	222 645	214 454
山　西	21 212	18 813.2	17 353.6	399 292	362 260
内蒙古	1 952	12 087.6	8 070.3	95 121	89 057
辽　宁	13 532	32 165.8	24 841.1	217 478	191 023
吉　林	12 821	41 431.5	19 731.2	112 949	93 171
黑龙江	5 711	15 341.4	11 659.7	67 496	59 681
上　海	278	425.7	71.7	7 928	7 759
江　苏	18 063	62 793.3	35 457.6	405 251	356 261
浙　江	6 616	32 347.6	19 250.7	304 530	261 370
安　徽	39 193	111 328.2	52 681.8	443 110	310 440
福　建	3 090	3 330.4	1 947.0	26 477	23 559
江　西	9 905	24 396.7	15 058.2	187 716	151 287
山　东	20 098	87 918.5	77 299.4	594 179	523 281
河　南	43 492	55 332.4	32 963.2	815 289	681 087
湖　北	18 698	26 775.9	19 175.1	198 116	159 699
湖　南	59 006	99 045.6	64 738.5	702 190	481 769
广　东	5 221	9 376.9	4 958.5	98 395	84 321
广　西	5 910	27 955.1	19 296.5	273 864	210 602
海　南	389	138.9	60.0	10 034	8 645
重　庆	12 463	8 351.9	6 139.8	147 971	137 943
四　川	11 583	16 698.4	10 744.9	497 664	445 816
贵　州	5 600	7 056.0	4 532.3	220 892	196 211
云　南	6 460	39 521.0	36 650.2	269 923	252 267
陕　西	3 324	3 704.6	1 701.9	76 314	64 863
甘　肃	3 491	2 134.7	1 143.6	90 836	86 068
青　海	18 830	6 332.9	4 565.2	57 834	45 112
宁　夏	692	4 738.9	3 481.9	52 221	50 892
新　疆	2 999	11 014.2	8 923.9	27 587	22 315

（续）

地　区	农业生产托管 服务面积 （亩次）	耕 （亩次）	小农户托管的 面积（亩次）	种 （亩次）
全　国	**1 670 056 711. 1**	**448 791 667. 3**	**304 111 625. 7**	**370 815 156. 4**
北　京	912 939. 2	189 262. 5	0. 0	194 292. 1
天　津	9 873 581. 4	2 685 859. 7	2 077 927. 6	2 766 897. 9
河　北	215 067 337. 8	50 190 584. 8	30 860 493. 0	60 033 078. 1
山　西	105 802 376. 2	36 358 432. 1	29 388 800. 5	26 715 531. 7
内蒙古	77 992 735. 0	23 855 118. 0	16 818 592. 0	18 369 659. 0
辽　宁	59 411 745. 9	19 257 760. 1	14 021 434. 4	15 027 615. 8
吉　林	57 430 906. 2	17 211 488. 2	13 090 683. 7	13 211 010. 0
黑龙江	118 749 500. 4	31 641 147. 1	20 873 011. 6	22 906 390. 4
上　海	3 334 488. 0	1 087 808. 0	256 655. 0	664 871. 0
江　苏	64 114 820. 3	16 828 585. 0	8 782 972. 1	14 085 270. 9
浙　江	15 424 201. 0	3 814 223. 0	1 662 199. 0	2 353 293. 0
安　徽	218 835 889. 0	55 587 764. 0	36 327 070. 0	46 885 602. 0
福　建	5 951 078. 0	1 627 104. 0	1 436 539. 0	588 553. 0
江　西	41 722 467. 3	10 926 313. 7	7 159 149. 2	4 631 868. 1
山　东	155 688 818. 0	37 064 851. 0	27 204 219. 0	42 486 153. 0
河　南	158 075 517. 3	33 890 216. 3	23 106 960. 2	34 909 677. 0
湖　北	74 804 249. 0	20 745 621. 0	15 559 216. 0	16 271 546. 0
湖　南	67 137 424. 1	16 991 645. 6	10 181 444. 9	10 707 672. 8
广　东	33 131 813. 3	12 323 015. 0	10 133 763. 2	3 528 948. 9
广　西	11 466 465. 4	4 247 816. 9	1 676 101. 0	1 145 630. 5
海　南	437 839. 0	133 343. 0	34 771. 0	54 592. 0
重　庆	11 220 434. 0	3 002 455. 0	1 779 790. 0	1 504 553. 0
四　川	33 437 637. 5	8 628 705. 1	5 434 161. 6	4 852 991. 4
贵　州	3 096 612. 1	1 167 784. 1	607 348. 7	566 497. 3
云　南	5 498 846. 0	1 907 072. 0	1 451 521. 0	935 258. 0
陕　西	45 702 061. 7	13 250 961. 6	7 891 974. 0	8 621 765. 3
甘　肃	20 572 547. 0	8 486 784. 0	6 009 274. 0	4 933 031. 0
青　海	7 226 064. 7	1 571 099. 5	1 132 605. 9	1 264 014. 1
宁　夏	11 889 496. 3	4 385 574. 2	2 690 953. 0	2 428 244. 1
新　疆	36 046 820. 0	9 733 273. 0	6 461 995. 0	8 170 649. 0

（续）

地区	小农户托管的面积 （亩次）	防 （亩次）	小农户托管的面积 （亩次）	收 （亩次）
全　国	**246 301 552. 0**	**326 680 236. 0**	**211 619 746. 6**	**459 697 370. 7**
北　京	0. 0	366 000. 0	0. 0	163 384. 7
天　津	2 156 014. 0	1 480 209. 1	938 041. 0	2 863 224. 0
河　北	30 450 432. 4	43 515 722. 0	22 500 430. 0	51 717 124. 0
山　西	20 614 284. 6	11 877 471. 4	8 727 180. 0	26 182 171. 0
内蒙古	13 915 620. 0	14 997 777. 0	11 212 190. 0	20 483 831. 0
辽　宁	10 941 820. 2	8 747 758. 9	6 741 133. 0	14 079 439. 0
吉　林	10 425 917. 0	11 127 020. 5	7 737 679. 0	13 697 402. 0
黑龙江	15 929 790. 8	22 127 586. 3	16 246 580. 0	40 591 124. 0
上　海	202 953. 0	911 221. 0	193 725. 0	649 700. 0
江　苏	7 137 439. 9	15 361 472. 8	8 394 389. 0	16 988 585. 0
浙　江	845 238. 0	4 107 396. 0	1 373 416. 0	3 541 522. 0
安　徽	31 552 795. 0	47 658 501. 0	34 345 797. 0	61 932 392. 0
福　建	345 632. 0	1 413 467. 0	1 102 867. 0	1 705 039. 0
江　西	2 996 645. 2	11 580 433. 0	7 199 821. 0	12 940 259. 0
山　东	30 913 308. 0	27 156 317. 0	18 500 138. 0	43 429 198. 0
河　南	24 566 834. 1	31 439 831. 0	19 937 012. 0	46 101 227. 0
湖　北	12 616 160. 0	16 632 754. 0	12 291 669. 0	21 154 328. 0
湖　南	6 741 350. 7	12 800 128. 8	8 152 696. 0	17 981 215. 0
广　东	2 576 133. 0	6 837 358. 4	4 991 271. 9	10 072 355. 6
广　西	393 393. 5	947 222. 5	281 647. 0	3 427 685. 0
海　南	14 157. 0	31 813. 0	12 485. 0	161 707. 0
重　庆	948 243. 0	2 739 325. 0	1 741 352. 0	3 857 946. 0
四　川	2 458 760. 8	9 148 127. 5	5 921 773. 0	10 104 718. 0
贵　州	245 341. 4	489 228. 6	230 594. 0	705 466. 0
云　南	788 144. 0	1 356 440. 0	794 403. 0	1 194 195. 0
陕　西	5 506 517. 5	8 640 578. 3	4 820 153. 8	15 188 756. 5
甘　肃	2 932 266. 0	2 203 838. 0	1 090 818. 0	4 248 305. 0
青　海	901 467. 7	1 206 014. 0	843 016. 0	1 486 799. 0
宁　夏	1 631 172. 2	1 954 099. 0	1 141 637. 0	3 108 119. 0
新　疆	5 553 721. 0	7 825 125. 0	4 155 833. 0	9 940 154. 0

（续）

地区	小农户托管的面积（亩次）	农业生产托管服务组织数量（个）	农村集体经济组织（个）	服务粮食作物的面积（亩次）
全 国	**312 277 526.4**	**495 566**	**31 789**	**58 443 915.1**
北 京	0.0	141	0	0.0
天 津	2 057 775.0	1 876	79	393 078.0
河 北	29 367 432.0	34 942	998	3 198 008.0
山 西	19 856 869.0	35 762	1 645	4 170 583.9
内蒙古	15 003 295.0	10 654	239	4 342 804.0
辽 宁	10 709 027.0	13 758	157	777 723.0
吉 林	11 471 151.0	16 988	58	76 217.0
黑龙江	29 464 188.0	31 961	595	8 703 993.8
上 海	264 532.0	574	0	0.0
江 苏	10 171 649.0	28 385	1 461	2 450 545.0
浙 江	1 543 544.0	6 218	203	165 318.0
安 徽	40 003 217.0	34 710	2 044	7 567 700.0
福 建	1 304 692.0	2 383	26	9 820.0
江 西	8 057 804.0	16 338	1 639	1 098 720.3
山 东	32 142 246.0	50 712	2 979	4 153 207.0
河 南	32 440 955.0	55 716	3 237	3 182 311.9
湖 北	15 823 437.0	30 507	2 647	3 566 155.0
湖 南	11 227 412.0	36 462	2 914	2 217 721.6
广 东	7 545 563.0	11 668	3 562	165 801.0
广 西	1 732 816.0	5 092	554	52 796.0
海 南	74 951.0	87	20	18 000.0
重 庆	2 706 662.0	10 958	859	974 968.0
四 川	6 615 278.0	12 803	1 075	1 237 805.9
贵 州	350 298.0	8 031	1 896	318 785.4
云 南	1 008 819.0	4 281	158	48 812.0
陕 西	9 502 585.4	10 039	2 339	8 962 345.3
甘 肃	2 529 796.0	7 656	316	245 367.0
青 海	1 114 726.0	1 824	49	161 139.0
宁 夏	2 167 310.0	575	37	182 973.0
新 疆	6 019 497.0	14 465	3	1 216.0

（续）

地区	农民专业合作社（个）	服务粮食作物的面积（亩次）	企业（个）	服务粮食作物的面积（亩次）
全　国	**153 804**	**576 421 178.6**	**16 082**	**98 493 793.1**
北　京	133	798 939.2	8	63 977.0
天　津	319	2 916 904.7	12	303 416.0
河　北	6 852	71 175 201.8	1 371	8 506 167.8
山　西	7 556	23 593 240.7	380	1 285 308.1
内蒙古	5 690	47 492 647.0	201	1 400 238.0
辽　宁	3 691	16 051 992.7	55	317 975.3
吉　林	6 784	27 884 901.3	34	996 608.0
黑龙江	3 434	57 762 281.8	122	4 393 482.1
上　海	238	1 099 426.0	8	42 022.0
江　苏	5 496	12 667 523.7	454	2 398 855.4
浙　江	2 594	4 851 065.0	953	834 286.0
安　徽	12 267	78 468 007.0	1 392	14 858 838.0
福　建	978	1 832 882.0	54	70 272.0
江　西	5 913	16 282 197.5	966	3 638 013.9
山　东	14 600	39 260 492.0	2 014	8 268 607.0
河　南	20 248	68 740 185.9	1 592	19 307 464.8
湖　北	16 140	25 381 321.0	1 326	1 962 033.0
湖　南	17 306	20 949 907.6	2 048	4 229 267.4
广　东	1 772	16 506 239.3	223	7 970 477.8
广　西	1 473	1 559 694.8	173	182 354.0
海　南	26	18 310.0	8	14 260.0
重　庆	2 646	2 061 262.0	793	458 743.0
四　川	3 355	9 068 906.2	489	2 956 334.8
贵　州	3 156	621 548.4	500	124 014.3
云　南	823	1 284 452.0	96	260 037.0
陕　西	5 335	14 017 658.6	394	8 055 188.3
甘　肃	2 923	4 728 502.0	145	824 753.0
青　海	545	964 654.2	26	15 604.0
宁　夏	240	3 159 364.4	143	4 266 635.0
新　疆	1 271	5 221 470.0	102	488 560.0

（续）

地区	服务专业户 （个）	服务粮食作物的 面积（亩次）	其他组织 （个）	服务粮食作物的 面积（亩次）
全　国	**245 159**	**265 304 711.6**	**48 732**	**62 584 041.4**
北　京	0	0.0	0	0.0
天　津	1 451	2 105 106.9	15	176 465.0
河　北	23 340	61 034 353.4	2 381	4 491 431.1
山　西	14 452	17 009 892.8	11 729	6 394 578.1
内蒙古	2 940	6 961 599.0	1 584	3 308 471.0
辽　宁	6 797	7 938 341.8	3 058	3 803 718.2
吉　林	9 029	10 846 822.5	1 083	2 511 916.0
黑龙江	27 043	39 039 640.7	767	5 121 062.9
上　海	297	105 472.0	31	3 600.0
江　苏	18 759	7 076 145.8	2 215	2 344 716.0
浙　江	1 298	502 990.0	1 170	356 879.0
安　徽	14 866	18 000 687.0	4 141	8 327 726.0
福　建	1 111	519 265.0	214	119 372.0
江　西	6 365	5 383 445.0	1 455	1 736 289.0
山　东	28 783	27 282 254.0	2 336	4 390 542.0
河　南	26 397	29 659 411.8	4 242	10 754 320.7
湖　北	8 386	10 141 450.0	2 008	1 777 197.0
湖　南	12 159	6 639 823.2	2 035	1 391 152.7
广　东	5 310	1 102 299.8	801	1 221 119.2
广　西	2 239	207 212.0	653	113 017.9
海　南	27	59 752.0	6	61 002.0
重　庆	2 764	209 612.0	3 896	538 804.0
四　川	6 736	3 699 210.1	1 148	1 308 805.0
贵　州	2 163	139 631.1	316	55 972.6
云　南	2 478	285 165.0	726	405 267.0
陕　西	1 747	3 809 208.6	224	1 261 032.8
甘　肃	4 189	975 396.0	83	116 678.0
青　海	995	436 684.0	209	126 282.0
宁　夏	119	328 323.0	36	273 838.2
新　疆	12 919	3 805 517.0	170	92 786.0

表2　全国农民专业合作社情况统计表

指标名称	代码	计量单位	数量	比去年增长(%)
一、农民专业合作社基本情况				
（一）农民专业合作社数	1	个	2 011 625	3.9
其中：示范社数	2	个	168 301*	7.1
1. 国家级示范社数	3	个	9 059*	7.0
2. 省级示范社数	4	个	32 084	11.1
3. 市级示范社数	5	个	52 153	4.4
4. 县级示范社数	6	个	75 005	7.4
（二）农民专业合作社成员数	7	个	62 771 519	-6.1
1. 按成员类型划分				
（1）普通农户数	8	个	60 148 977	-5.6
其中：建档立卡脱贫农户数	9	个	2 351 708	359.4
（2）家庭农场成员数	10	个	1 628 307	-22.5
（3）企业成员数	11	个	254 681	-10.1
（4）其他成员数	12	个	739 554	2.7
2. 按要素出资形式划分				
其中：（1）货币出资成员数	13	个	20 113 075	0.2
（2）土地经营权作价出资成员数	14	个	8 565 626	4.7
二、农民专业合作社分类情况				
（一）按从事行业划分				
1. 种植业及相关合作社数	15	个	1 097 767	3.9
其中：（1）粮食产业合作社数	16	个	482 659	4.7
（2）蔬菜产业合作社数	17	个	206 278	5.4
2. 林业及相关合作社数	18	个	121 067	3.2
3. 畜牧业及相关合作社数	19	个	419 052	2.5
其中：（1）生猪产业合作社数	20	个	130 534	1.5
（2）奶业合作社数	21	个	12 772	-8.0

注：带＊数据包含西藏国家级示范社数82个。

（续）

指标名称	代码	计量单位	数量	比去年增长（%）
（3）肉牛羊产业合作社数	22	个	105 295	3.4
（4）肉鸡产业合作社数	23	个	37 138	36.0
（5）蛋鸡产业合作社数	24	个	23 045	−4.4
4. 渔业及相关合作社数	25	个	61 122	4.4
5. 服务业合作社数	26	个	164 822	7.2
其中：（1）农机服务合作社数	27	个	92 794	3.4
（2）植保服务合作社数	28	个	17 473	9.0
（二）按牵头人身份划分				
其中：1. 农民牵头合作社数	29	个	1 685 389	2.5
其中：村组干部牵头合作社数	30	个	244 792	6.4
2. 企业牵头合作社数	31	个	36 523	−10.9
（三）按经营服务内容划分				
其中：1. 产加销一体化服务的合作社数	32	个	1 071 319	2.8
2. 运销服务为主的合作社数	33	个	91 903	9.3
3. 加工服务为主的合作社数	34	个	66 698	11.0
三、农民专业合作社经营服务情况				
（一）统一组织销售农产品总值	35	万元	64 226 112.9	−7.5
其中：统一销售农产品达80%以上的合作社数	36	个	551 521	7.1
（二）统一组织购买农业生产投入品总值	37	万元	24 050 801.8	−9.5
其中：统一购买比例达80%以上的合作社数	38	个	387 170	17.4
（三）拥有注册商标的合作社数	39	个	107 650	1.8
（四）通过农产品质量认证的合作社数	40	个	55 050	10.0

（续）

指标名称	代码	计量单位	数量	比去年增长（%）
（五）土地经营权作价出资的合作社数	41	个	74 308	-16.6
其中：作价出资土地面积	42	亩	44 149 700.2	19.4
（六）开展内部信用合作的合作社数	43	个	34 056	-24.5
其中：1. 参与信用合作的成员数	44	个	527 962	-8.6
2. 入股互助资金总额	45	万元	558 803.3	-35.2
3. 成员使用互助资金总额	46	万元	362 778.5	-33.5
（七）开展互助保险的合作社数	47	个	18 975	-30.2
其中：1. 参与互助保险成员数	48	个	304 766	13.2
2. 成员支付保费总额	49	万元	16 779.7	39.1
3. 成员获得保险赔偿总额	50	万元	8 262.8	15.7
（八）创办实体的合作社数	51	个	93 136	37.7
（九）开展农村电子商务的合作社数	52	个	53 837	37.4
（十）开展休闲农业和乡村旅游的合作社数	53	个	15 895	23.2
（十一）从事民间工艺及制品开发经营的合作社数	54	个	2 690	29.9
四、农民专业合作社盈余及其分配情况				
（一）农民专业合作社经营收入	55	万元	58 806 729.4	0.3
（二）农民专业合作社上缴的税金总额	56	万元	228 289.1	-21.9
（三）农民专业合作社盈余	57	万元	11 247 627.0	0.1
（四）农民专业合作社可分配盈余	58	万元	8 325 787.0	-0.9
其中：1. 按交易量返还成员总额	59	万元	4 702 143.0	1.0
2. 按股分红总额	60	万元	2 070 404.9	4.3
（五）可分配盈余按交易量返还成员的合作社数	61	个	408 444	10.5

（续）

指标名称	代码	计量单位	数量	比去年增长（%）
其中：60%以上可分配盈余按交易量返还成员的合作社数	62	个	309 661	8.2
（六）提留公积金、公益金或风险金的合作社数	63	个	239 053	5.4
五、扶持农民专业合作社发展情况				
（一）当年获得财政扶持资金的合作社数	64	个	38 679	0.8
（二）当年财政扶持资金总额	65	万元	656 416.2	-3.7
（三）当年承担国家财政项目的合作社数	66	个	13 518	6.2
其中：当年承担国家涉农项目的合作社数	67	个	10 536	7.7
（四）当年贷款余额	68	万元	921 585.3	9.0
六、农民专业合作社联合社基本情况				
（一）农民专业合作社联合社数	69	个	11 660	13.5
（二）农民专业合作社联合社成员数	70	个	203 256	61.3
（三）农民专业合作社联合社盈余及其分配情况				
1. 农民专业合作社联合社经营收入	71	万元	1 462 660.8	26.0
2. 农民专业合作社联合社盈余	72	万元	281 104.0	20.8
3. 农民专业合作社联合社可分配盈余	73	万元	190 471.8	18.1
其中：（1）按交易量返还成员总额	74	万元	94 892.6	21.2
（2）按股分红总额	75	万元	51 991.4	6.0
七、与农民专业合作社有关的其他情况				
（一）成立基层党组织的农民专业合作社数	76	个	38 912	66.7
（二）农民专业合作社成员中党员数	77	个	615 318	10.1
（三）农民专业合作社联合会数	78	个	1 784	-21.1

表2-1　各省份农民专业合作社情况统计表

地区	农民专业合作社数（个）	示范社数（个）	国家级示范社数（个）	省级示范社数（个）	市级示范社数（个）	县级示范社数（个）
全　国	2 011 625	159 242	8 977	32 084	52 153	75 005
北　京	7 213	608	146	226	0	382
天　津	11 439	597	69	457	0	140
河　北	112 814	10 082	394	1 388	3 071	5 623
山　西	91 906	7 693	388	2 152	2 055	3 486
内蒙古	65 874	3 879	279	786	1 662	1 431
辽　宁	55 485	2 309	121	806	609	894
吉　林	83 271	3 602	206	736	1 327	1 539
黑龙江	83 401	2 920	114	589	894	1 437
上　海	2 506	638	97	240		398
江　苏	74 149	9 789	506	1 363	3 295	5 131
浙　江	42 363	5 162	230	631	1 846	2 685
安　徽	108 818	8 912	482	1 059	3 696	4 157
福　建	42 035	4 796	138	1 012	1 275	2 509
江　西	69 068	5 837	418	1 123	1 783	2 931
山　东	206 474	12 761	554	2 535	4 967	5 259
河　南	167 616	10 482	624	985	3 618	5 879
湖　北	104 594	8 982	469	960	2 960	5 062
湖　南	102 563	7 953	603	1 224	1 854	4 875
广　东	50 500	3 212	269	1 201	1 432	579
广　西	58 478	2 561	143	769	1 246	546
海　南	11 116	340	12	72	113	155
重　庆	37 006	2 140	287	1 104	0	1 036
四　川	105 574	10 224	555	2 833	3 053	4 338
贵　州	60 047	3 863	222	1 102	1 724	1 037
云　南	61 880	3 898	254	1 357	1 258	1 283
陕　西	63 311	6 352	332	1 053	2 341	2 958
甘　肃	89 060	13 221	472	2 575	3 892	6 754
青　海	8 251	2 456	84	426	868	1 162
宁　夏	6 116	1 907	241	452	430	1 025
新　疆	28 697	2 066	268	868	884	314

（续）

地区	农民专业合作社成员数（个）	普通农户数（个）	建档立卡脱贫农户数（个）	家庭农场成员数（个）	企业成员数（个）
全　国	**62 771 519**	**60 148 977**	**2 351 708**	**1 628 307**	**254 681**
北　京	210 858	202 979	0	2 142	137
天　津	190 567	185 531	0	4 876	77
河　北	2 378 237	2 302 725	5 050	33 550	7 705
山　西	1 197 133	1 171 038	60 323	13 043	2 897
内蒙古	637 135	622 056	2 009	11 240	1 226
辽　宁	1 147 222	1 115 028	0	15 463	2 277
吉　林	967 635	921 030	68 166	32 396	1 253
黑龙江	752 916	721 691	0	23 949	850
上　海	55 814	55 503	0	0	278
江　苏	8 970 151	8 734 949	86 313	154 801	23 105
浙　江	893 091	861 306	0	19 994	2 851
安　徽	3 869 652	3 672 559	107 465	162 780	8 967
福　建	877 852	811 254	6 093	34 961	9 076
江　西	1 766 204	1 622 897	30 722	59 590	14 180
山　东	5 965 622	5 837 054	38 519	86 934	12 801
河　南	3 976 196	3 781 795	11 685	137 411	20 820
湖　北	5 254 156	4 850 833		253 219	39 715
湖　南	3 295 825	2 953 674	531 463	214 805	22 376
广　东	691 724	642 800	0	30 336	6 491
广　西	1 028 252	951 232	111 112	38 623	7 694
海　南	85 582	77 911	17 062	1 947	1 204
重　庆	3 443 682	3 388 993	1 399	37 577	5 910
四　川	4 061 905	3 894 057	0	95 015	12 125
贵　州	3 078 758	3 025 865	0	26 955	9 525
云　南	3 317 488	3 253 033	680 659	25 269	6 818
陕　西	2 023 687	1 919 964	116 324	67 910	26 956
甘　肃	1 730 120	1 702 788	463 880	18 222	6 671
青　海	275 616	267 074	9 854	2 220	38
宁　夏	197 482	191 794	3 600	5 332	84
新　疆	430 957	409 564	10	17 747	574

（续）

地区	其他成员数 （个）	货币出资 成员数 （个）	土地经营权作价 出资成员数 （个）	种植业及 相关合作社数 （个）
全　国	**739 554**	**20 113 075**	**8 565 626**	**1 097 767**
北　京	5 600	121 058	1 746	4 166
天　津	83	103 861	29 717	6 918
河　北	34 257	539 032	191 531	68 452
山　西	10 155	523 147	23 649	43 238
内蒙古	2 613	267 099	27 803	29 239
辽　宁	14 454	353 619	166 275	31 751
吉　林	12 956	414 900	143 276	47 367
黑龙江	6 426	204 722	182 781	62 144
上　海	33	2 506	0	1 764
江　苏	57 296	3 118 227	1 857 646	32 354
浙　江	8 940	454 946	44 343	25 360
安　徽	25 346	1 014 809	409 776	66 640
福　建	22 561	302 844	34 226	25 911
江　西	69 537	965 391	198 602	39 090
山　东	28 833	2 190 609	691 341	130 600
河　南	36 170	1 256 483	446 564	107 142
湖　北	110 389	985 592	376 432	45 453
湖　南	104 970	985 663	621 310	54 618
广　东	12 097	171 596	37 074	28 038
广　西	30 703	307 367	52 738	31 081
海　南	4 520	21 508	2 438	5 153
重　庆	11 202	1 592 076	1 299 395	20 215
四　川	60 708	1 497 384	893 176	48 611
贵　州	16 413	500 028	424 065	30 019
云　南	32 368	876 548	185 515	31 653
陕　西	8 857	506 509	84 145	31 354
甘　肃	2 439	532 321	61 757	37 370
青　海	6 284	85 131	25 021	2 944
宁　夏	272	69 063	24 976	2 356
新　疆	3 072	149 036	28 308	6 766

（续）

地区	粮食产业合作社数（个）	蔬菜产业合作社数（个）	林业及相关合作社数（个）	畜牧业及相关合作社数（个）	生猪产业合作社数（个）
全　国	**482 659**	**206 278**	**121 067**	**419 052**	**130 534**
北　京	377	1 043	448	1 311	266
天　津	4 493	1 878	1 204	1 584	804
河　北	36 327	16 854	7 842	18 464	6 367
山　西	18 683	7 148	8 511	28 323	7 933
内蒙古	21 356	2 938	767	25 834	1 822
辽　宁	17 554	5 862	2 438	11 753	3 386
吉　林	36 533	2 870	1 338	15 182	4 933
黑龙江	52 458	3 412	640	10 165	3 290
上　海	648	801	76	72	8
江　苏	15 344	8 160	4 691	11 361	4 685
浙　江	4 719	6 549	5 060	4 194	1 129
安　徽	37 310	7 835	5 073	15 987	6 336
福　建	2 402	6 405	4 834	3 794	688
江　西	18 759	6 431	5 334	10 402	3 802
山　东	54 084	34 106	11 063	27 575	10 080
河　南	70 638	11 744	7 455	26 421	10 605
湖　北	14 121	10 385	7 726	20 447	7 511
湖　南	28 257	8 795	7 281	17 764	8 126
广　东	4 017	5 383	1 778	4 604	1 625
广　西	3 040	6 432	1 929	13 943	4 653
海　南	249	995	332	3 309	1 123
重　庆	3 463	5 566	2 458	8 783	2 702
四　川	8 512	11 835	8 625	31 359	12 933
贵　州	4 585	10 337	2 968	18 357	6 783
云　南	2 955	7 697	4 406	19 677	6 827
陕　西	8 972	5 445	5 159	17 584	6 181
甘　肃	8 388	6 876	6 883	32 669	5 001
青　海	1 819	589	585	4 242	449
宁　夏	892	685	560	2 464	253
新　疆	1 704	1 222	3 603	11 428	233

（续）

地区	奶业合作社数（个）	肉牛羊产业合作社数（个）	肉鸡产业合作社数（个）	蛋鸡产业合作社数（个）	渔业及相关合作社数（个）	服务业合作社数（个）
全　国	12 772	105 295	37 138	23 045	61 122	164 822
北　京	130	147	92	169	114	713
天　津	53	252	102	120	722	610
河　北	3 558	2 690	2 099	1 577	451	6 145
山　西	939	9 218	2 386	1 766	336	6 768
内蒙古	1 636	17 572	205	176	339	5 526
辽　宁	212	2 933	1 268	858	771	5 825
吉　林	457	3 407	1 222	419	335	11 993
黑龙江	535	3 349	772	436	544	6 183
上　海	4	14	18	10	286	308
江　苏	209	1 065	1 369	1 637	6 918	13 885
浙　江	64	457	578	254	3 147	2 435
安　徽	96	2 237	1 722	1 032	4 674	11 852
福　建	20	401	435	143	2 781	2 311
江　西	93	1 396	1 506	985	4 149	4 828
山　东	1 300	3 633	2 460	1 852	3 391	20 401
河　南	528	3 619	1 967	1 947	1 864	13 662
湖　北	124	3 212	1 760	1 965	10 403	7 380
湖　南	71	2 326	2 031	1 041	4 495	6 888
广　东	20	354	1 210	1 113	2 517	1 905
广　西	65	1 650	1 886	238	2 626	3 979
海　南	0	274	330	57	629	254
重　庆	38	1 535	783	379	1 870	2 092
四　川	286	6 924	2 655	1 032	4 785	5 811
贵　州	13	3 524	2 209	1 002	1 100	2 463
云　南	263	5 143	1 679	393	671	4 100
陕　西	853	3 328	1 972	1 321	534	4 232
甘　肃	405	14 418	1 878	903	410	6 890
青　海	227	2 479	144	77	39	184
宁　夏	146	1 636	124	39	99	410
新　疆	427	6 102	276	104	122	4 789

（续）

地区	农机服务合作社数（个）	植保服务合作社数（个）	农民牵头合作社数（个）	村组干部牵头合作社数（个）	企业牵头合作社数（个）
全　国	**92 794**	**17 473**	**1 685 389**	**244 792**	**36 523**
北　京	128	1	6 408	511	113
天　津	462	54	10 134	434	41
河　北	3 033	675	99 126	12 435	1 466
山　西	4 565	332	79 872	8 999	274
内蒙古	3 437	113	55 136	6 426	365
辽　宁	4 712	220	43 999	3 636	246
吉　林	9 100	495	66 437	4 942	287
黑龙江	5 151	191	71 094	4 238	403
上　海	102	0	1 813	0	470
江　苏	8 533	2 183	60 915	10 463	1 963
浙　江	1 160	601	37 970	3 704	558
安　徽	7 845	1 571	94 934	10 700	3 296
福　建	891	264	37 032	4 362	530
江　西	1 871	1 115	58 042	10 008	2 484
山　东	11 405	1 527	172 254	38 087	2 236
河　南	8 343	2 686	141 288	18 769	3 164
湖　北	3 178	1 004	82 942	11 171	2 474
湖　南	4 854	841	79 283	16 063	2 211
广　东	714	118	47 010	9 256	1 485
广　西	2 232	461	45 950	4 692	2 001
海　南	78	30	6 455	667	510
重　庆	1 173	194	31 208	6 307	1 558
四　川	2 116	1 143	86 745	15 513	3 149
贵　州	579	316	48 587	13 557	1 293
云　南	592	381	56 085	9 881	750
陕　西	1 873	491	52 833	8 862	1 958
甘　肃	2 934	322	75 837	8 836	981
青　海	118	9	7 341	808	77
宁　夏	267	21	5 922	268	86
新　疆	1 348	114	22 737	1 197	94

（续）

地区	产加销一体化服务的合作社数(个)	运销服务为主的合作社数(个)	加工服务为主的合作社数(个)	统一组织销售农产品总值(万元)	统一销售农产品达80%以上的合作社数(个)
全 国	1 071 319	91 903	66 698	64 226 112.9	551 521
北 京	5 901	52	19	278 531.9	551
天 津	4 916	102	69	168 802.7	1 175
河 北	52 449	6 218	3 575	2 156 252.4	29 771
山 西	46 502	2 241	2 441	650 286.4	11 118
内蒙古	33 577	4 530	4 097	1 409 084.4	9 064
辽 宁	23 058	1 211	1 245	862 571.0	6 491
吉 林	43 715	3 382	1 756	473 668.2	9 324
黑龙江	32 258	1 804	1 932	897 726.0	6 283
上 海	1 769	55	28	667 582.0	879
江 苏	34 218	8 252	6 446	7 189 024.7	19 259
浙 江	29 158	1 201	947	2 927 654.8	14 114
安 徽	66 650	4 498	3 359	5 912 366.6	53 101
福 建	27 251	1 177	1 031	1 579 537.9	16 163
江 西	38 334	2 879	3 255	2 687 740.8	21 984
山 东	102 966	8 650	5 337	8 636 752.7	66 185
河 南	88 651	11 030	5 420	3 635 756.2	49 817
湖 北	60 006	4 021	5 160	7 010 221.8	75 403
湖 南	60 962	6 881	5 231	4 144 277.7	33 626
广 东	28 128	1 103	1 124	850 852.1	6 993
广 西	32 277	2 499	1 068	1 127 300.9	10 866
海 南	4 140	607	185	140 874.0	812
重 庆	23 998	1 273	716	1 592 271.8	10 518
四 川	63 618	5 725	2 406	4 275 734.7	28 799
贵 州	31 873	3 065	1 991	708 147.8	16 334
云 南	36 950	2 568	1 441	1 840 553.6	14 481
陕 西	31 607	3 888	2 970	1 228 670.3	12 964
甘 肃	49 883	49	1 623	116.9	17 187
青 海	4 670	778	227	81 855.8	2 560
宁 夏	4 239	552	218	443 101.5	2 050
新 疆	7 595	1 612	1 381	648 795.3	3 649

（续）

地区	统一组织购买农业生产投入品总值(万元)	统一购买比例达80%以上的合作社数(个)	拥有注册商标的合作社数(个)	通过农产品质量认证的合作社数(个)	土地经营权作价出资的合作社数(个)
全　国	**24 050 801.8**	**387 170**	**107 650**	**55 050**	**74 308**
北　京	49 690.8	492	415	1 387	77
天　津	74 333.5	1 073	686	480	344
河　北	748 824.5	25 728	4 219	1 920	6 414
山　西	163 689.8	8 019	1 819	725	358
内蒙古	584 048.1	7 204	1 172	282	31
辽　宁	286 704.5	4 800	2 546	766	2 495
吉　林	182 248.8	8 436	2 149	703	2 943
黑龙江	365 569.6	5 409	1 713	521	7 654
上　海	293 265.0	710	637	1 529	0
江　苏	2 199 111.4	15 877	10 369	3 395	6 172
浙　江	1 016 493.1	10 403	5 914	4 280	241
安　徽	2 728 899.3	23 056	5 282	3 393	994
福　建	712 535.1	7 054	5 289	1 413	366
江　西	1 184 307.8	18 876	3 763	2 716	3 759
山　东	3 088 707.2	43 530	12 018	3 254	2 340
河　南	1 569 719.8	47 207	8 063	3 233	4 443
湖　北	2 949 974.6	26 875	6 796	4 367	3 326
湖　南	1 377 827.7	28 232	9 219	5 710	11 066
广　东	283 044.6	4 748	1 935	960	5 256
广　西	267 803.2	7 315	1 574	790	836
海　南	62 078.6	492	664	232	227
重　庆	493 008.3	8 659	2 383	1 267	4 089
四　川	1 634 119.2	20 083	5 875	4 533	3 416
贵　州	209 352.8	10 924	3 718	2 563	5 250
云　南	416 804.0	6 782	1 941	919	407
陕　西	310 029.8	8 226	3 794	1 880	612
甘　肃	407 695.4	8 423	2 141	1 035	334
青　海	23 619.8	24 524	287	62	105
宁　夏	144 737.4	1 905	473	394	426
新　疆	222 558.0	2 108	796	341	327

（续）

地区	作价出资 土地面积 （亩）	开展内部信用 合作的合作社数 （个）	参与信用合作的 成员数 （个）	入股互助 资金总额 （万元）
全　国	44 149 700.2	34 056	527 962	558 803.3
北　京	12 320.0	44	2 251	3 686.0
天　津	629 150.9	0	0	0.0
河　北	1 973 235.0	520	10 276	6 135.2
山　西	39 536.5	184	98	319.5
内蒙古	99 226.0	5	18 204	561.0
辽　宁	726 541.7	5	755	1 365.5
吉　林	319 143.2	384	3 981	2 475.0
黑龙江	2 537 135.2	554	3 040	8 333.9
上　海	0.0	0	0	0.0
江　苏	11 453 260.5	887	73 815	25 264.1
浙　江	69 867.0	444	7 910	28 192.9
安　徽	546 000.0	14	9 299	24 372.9
福　建	19 236.0	813	5 813	1 032.0
江　西	575 255.9	6 419	46 499	115 488.6
山　东	515 603.0	1 808	20 782	48 234.2
河　南	636 996.5	484	8 852	3 673.4
湖　北	1 846 132.0	7 593	137 815	183 969.3
湖　南	1 661 435.9	3 211	34 452	30 030.4
广　东	891 994.0	1 326	5 521	15 818.0
广　西	367 891.0	1 629	16 978	8 399.4
海　南	9 998.0	1 055	1 435	15 454.5
重　庆	1 063 564.0	0	0	0.0
四　川	809 128.3	107	6 773	5 232.3
贵　州	542 680.8	3 744	95 381	14 359.5
云　南	134 378.0	72	2 766	10 612.2
陕　西	121 633.6	357	4 815	976.6
甘　肃	118 000.0	2 359	10 354	3 151.4
青　海	1 360 870.2	36	65	10.0
宁　夏	130 782.9	1	22	150.0
新　疆	14 938 704.0	1	10	1 505.5

（续）

地区	成员使用互助资金总额（万元）	开展互助保险的合作社数（个）	参与互助保险成员数（个）	成员支付保费总额（万元）
全　国	**362 778.5**	**18 975**	**304 766**	**16 779.7**
北　京	2 139.9	0	0	0.0
天　津	0.0	0	0	0.0
河　北	2 875.6	69	781	8.2
山　西	26.6	8	1	0.0
内蒙古	561.0	0	0	0.0
辽　宁	864.0	0	0	0.0
吉　林	228.7	566	707	15.1
黑龙江	4 662.6	260	2 361	69.2
上　海	0.0	0	0	0.0
江　苏	22 006.3	646	13 177	817.0
浙　江	26 497.4	280	2 034	1 017.4
安　徽	13 912.7	117	18	0.0
福　建	1 408.0	146	97	613.0
江　西	60 027.6	520	1 428	162.1
山　东	35 596.8	1 799	17 901	161.1
河　南	1 799.3	1 403	18 607	205.1
湖　北	120 425.2	3 502	9 378	2 653.5
湖　南	15 905.7	1 852	181 397	1 005.1
广　东	15 461.5	669	11 770	2 470.9
广　西	3 822.8	454	1 900	65.4
海　南	9 486.5	510	206	17.0
重　庆	0.0	0	0	0.0
四　川	3 516.3	399	6 935	593.5
贵　州	9 952.7	3 139	21 501	187.4
云　南	6 658.8	27	423	3.1
陕　西	1 041.5	124	1 343	28.9
甘　肃	3 791.0	2 483	12 785	6 676.8
青　海	0.0	0	6	0.0
宁　夏	110.0	0	0	0.0
新　疆	0.0	2	10	10.0

（续）

地区	成员获得保险赔偿总额(万元)	创办实体的合作社数(个)	开展农村电子商务的合作社数(个)	开展休闲农业和乡村旅游的合作社数(个)	从事民间工艺及制品开发经营的合作社数(个)
全　国	**8 262.8**	**93 136**	**53 837**	**15 895**	**2 690**
北　京	0.0	366	97	258	41
天　津	0.0	169	205	32	2
河　北	0.8	4 273	2 827	1 105	109
山　西	0.0	2 952	701	133	62
内蒙古	0.0	734	1 824	84	28
辽　宁	0.0	476	406	65	11
吉　林	29.9	895	403	58	15
黑龙江	399.5	518	253	38	9
上　海	0.0	209	575	230	0
江　苏	616.0	4 393	2 722	743	64
浙　江	342.2	2 592	2 724	1 000	18
安　徽	0.0	3 052	1 667	557	27
福　建	0.0	1 377	1 043	176	13
江　西	153.3	4 904	3 052	1 195	157
山　东	255.6	2 759	1 845	943	55
河　南	178.9	5 820	4 792	1 240	101
湖　北	1 149.8	9 583	4 997	1 070	139
湖　南	3 891.5	15 429	8 029	2 619	580
广　东	0.0	971	786	229	49
广　西	6.2	3 984	1 795	376	58
海　南	14.0	724	148	58	3
重　庆	0.0	1 260	972	579	7
四　川	490.5	5 152	4 623	1 515	327
贵　州	422.4	4 664	2 624	650	280
云　南	26.9	3 282	815	219	56
陕　西	248.1	3 895	2 216	307	148
甘　肃	37.1	6 435	1 398	238	79
青　海	0.0	383	43	32	20
宁　夏	0.0	849	165	44	6
新　疆	0.0	1 036	90	102	226

（续）

地区	农民专业合作社 经营收入 （万元）	农民专业合作社 上缴的税金总额 （万元）	农民专业 合作社盈余 （万元）
全　国	**58 806 729.4**	**228 289.1**	**11 247 627.0**
北　京	351 317.9	182.4	36 258.2
天　津	114 230.6	201.2	17 177.9
河　北	2 369 541.5	10 758.5	373 739.6
山　西	607 071.0	3 263.2	152 573.2
内蒙古	511 451.3	573.1	169 773.4
辽　宁	649 215.0	801.2	167 103.7
吉　林	524 319.8	836.5	179 599.0
黑龙江	1 428 301.0	207.4	330 832.8
上　海	815 965.0	0.0	46 396.0
江　苏	6 651 827.1	52 419.8	1 217 265.6
浙　江	2 967 630.3	8 371.0	650 537.4
安　徽	5 334 994.9	9 791.1	758 289.9
福　建	1 609 741.6	4 163.1	260 252.1
江　西	1 783 881.0	7 276.0	440 616.1
山　东	7 495 019.5	26 768.9	1 266 417.4
河　南	5 274 084.3	8 990.0	806 494.7
湖　北	4 115 227.0	26 471.3	897 744.9
湖　南	3 960 225.7	26 268.8	785 962.9
广　东	924 963.9	6 419.3	228 805.3
广　西	880 287.3	3 119.8	195 965.3
海　南	36 659.3	332.4	14 978.9
重　庆	1 273 121.3	1 020.8	233 124.3
四　川	3 424 726.5	4 591.1	691 214.8
贵　州	1 003 718.2	7 011.6	271 380.6
云　南	1 339 270.6	2 718.8	307 267.3
陕　西	1 011 328.2	6 867.0	220 035.1
甘　肃	1 214 766.6	4 067.3	274 947.9
青　海	108 844.3	422.0	33 519.8
宁　夏	307 367.4	0.0	70 809.0
新　疆	717 631.4	4 375.6	148 544.1

（续）

地区	农民专业合作社 可分配盈余 （万元）	按交易量 返还成员总额 （万元）	按股分红总额 （万元）
全　国	8 325 787.0	4 702 143.0	2 070 404.9
北　京	30 547.3	14 311.9	6 925.5
天　津	10 440.6	3 857.2	3 354.5
河　北	330 360.2	177 028.0	121 580.5
山　西	111 027.1	48 015.4	29 796.9
内蒙古	128 495.0	57 665.8	42 870.1
辽　宁	110 974.4	56 200.9	30 861.3
吉　林	135 100.4	54 969.3	40 990.1
黑龙江	263 827.4	134 153.5	94 102.6
上　海	43 133.0	15 161.0	7 509.0
江　苏	831 103.2	469 343.5	254 318.2
浙　江	445 092.0	266 596.8	96 996.5
安　徽	531 658.1	342 860.9	92 035.6
福　建	212 164.1	122 893.6	54 079.1
江　西	340 982.3	182 574.5	91 897.6
山　东	960 030.0	651 004.7	153 238.1
河　南	653 430.1	334 800.9	148 121.5
湖　北	702 969.6	414 655.6	207 755.7
湖　南	533 322.8	289 202.4	143 798.8
广　东	170 500.3	64 346.6	29 880.3
广　西	126 167.1	65 131.4	29 691.8
海　南	11 348.0	5 115.4	2 314.5
重　庆	165 119.9	98 632.1	36 319.8
四　川	551 138.2	333 104.3	128 284.9
贵　州	167 443.1	58 302.6	77 911.6
云　南	244 853.4	144 023.1	42 132.9
陕　西	149 864.8	86 688.4	26 677.1
甘　肃	170 855.8	83 976.3	44 068.3
青　海	24 522.6	11 795.2	8 349.2
宁　夏	55 824.1	39 392.4	6 221.6
新　疆	113 492.0	76 339.2	18 321.3

（续）

地区	可分配盈余按交易量返还成员的合作社数（个）	60%以上可分配盈余按交易量返还成员的合作社数(个)	提留公积金、公益金或风险金的合作社数（个）	当年获得财政扶持资金的合作社数（个）
全　国	**408 444**	**309 661**	**239 053**	**38 679**
北　京	544	474	2 475	100
天　津	1 334	519	1 556	22
河　北	19 590	16 133	9 274	753
山　西	9 820	6 844	4 483	1 212
内蒙古	4 498	3 220	2 265	362
辽　宁	6 552	3 577	2 557	245
吉　林	9 563	8 005	3 551	697
黑龙江	6 691	4 554	3 301	131
上　海	1 760	587	1 057	550
江　苏	18 887	15 161	12 971	1 136
浙　江	10 872	8 524	12 175	1 462
安　徽	26 493	17 280	14 199	3 617
福　建	8 311	6 534	5 228	735
江　西	22 115	17 819	14 782	674
山　东	44 564	35 664	29 140	1 219
河　南	51 130	40 090	30 979	1 310
湖　北	26 386	19 251	16 599	2 895
湖　南	34 413	28 074	21 336	4 158
广　东	5 795	3 566	1 600	928
广　西	7 836	5 270	2 941	903
海　南	237	182	122	85
重　庆	8 426	6 221	4 586	1 683
四　川	32 086	24 162	14 364	2 952
贵　州	11 109	6 990	4 841	4 109
云　南	8 543	6 141	3 053	1 183
陕　西	7 883	5 884	4 419	1 379
甘　肃	16 882	14 036	10 505	2 133
青　海	2 287	1 889	1 490	287
宁　夏	2 525	2 044	1 281	1 000
新　疆	1 312	966	1 923	759

（续）

地区	当年财政扶持资金总额（万元）	当年承担国家财政项目的合作社数（个）	当年承担国家涉农项目的合作社数（个）
全国	656 416.2	13 518	10 536
北京	7 397.8	12	12
天津	724.3	20	20
河北	17 815.4	437	397
山西	17 506.2	287	233
内蒙古	8 752.4	130	118
辽宁	2 262.6	142	140
吉林	5 235.2	280	280
黑龙江	5 631.4	22	17
上海	6 000.0	68	0
江苏	29 824.0	100	70
浙江	22 771.3	95	53
安徽	39 662.2	1 227	808
福建	8 180.0	147	138
江西	5 474.0	188	153
山东	16 980.2	381	368
河南	20 762.8	532	468
湖北	39 229.9	1 733	735
湖南	32 226.2	781	496
广东	18 151.3	59	51
广西	9 942.2	175	175
海南	7 942.7	15	15
重庆	39 305.8	605	585
四川	48 856.7	1 239	1 139
贵州	122 570.9	2 211	1 869
云南	38 124.4	299	248
陕西	25 931.1	421	389
甘肃	28 585.7	461	192
青海	10 030.4	96	85
宁夏	7 444.1	912	912
新疆	13 095.1	443	370

（续）

地区	当年贷款余额 （万元）	农民专业合作社 联合社数 （个）	农民专业合作社 联合社成员数 （个）	农民专业合作社 联合社经营收入 （万元）
全　国	921 585. 3	11 660	203 256	1 462 660. 8
北　京	30 242. 6	46	372	11 541. 4
天　津	2 002. 0	36	228	5 143. 2
河　北	6 361. 2	607	6 747	36 899. 7
山　西	4 314. 6	370	6 565	10 566. 8
内蒙古	1 456. 0	141	962	15 271. 9
辽　宁	5 033. 0	147	2 071	5 475. 3
吉　林	6 422. 6	203	7 572	6 498. 3
黑龙江	14 509. 2	149	1 002	12 886. 4
上　海	173 200. 0	0	0	0. 0
江　苏	75 225. 0	584	70 556	145 928. 7
浙　江	57 210. 3	311	3 814	65 489. 3
安　徽	63 600. 8	272	13 971	70 106. 2
福　建	5 948. 0	453	6 505	32 450. 8
江　西	26 688. 0	415	3 598	120 284. 5
山　东	26 022. 1	841	7 238	118 279. 6
河　南	27 582. 9	1 935	19 120	63 889. 1
湖　北	118 340. 7	763	9 527	157 020. 3
湖　南	62 727. 6	761	6 873	261 279. 7
广　东	2 481. 0	254	1 574	90 759. 2
广　西	6 956. 0	658	6 324	21 539. 3
海　南	1 310. 0	303	2 366	917. 1
重　庆	21 432. 5	271	1 592	12 181. 2
四　川	62 372. 9	461	4 454	54 298. 7
贵　州	47 844. 6	418	5 131	18 484. 5
云　南	13 848. 1	184	3 273	24 857. 6
陕　西	12 075. 3	153	1 756	15 901. 4
甘　肃	22 375. 0	753	7 218	23 713. 4
青　海	8 871. 6	75	1 228	7 649. 6
宁　夏	7 949. 7	55	824	26 658. 0
新　疆	7 182. 0	41	795	26 689. 6

（续）

地区	农民专业合作社联合社盈余（万元）	农民专业合作社联合社可分配盈余（万元）	按交易量返还成员总额（万元）
全　国	**281 104.0**	**190 471.8**	**94 892.6**
北　京	530.8	511.4	291.8
天　津	755.7	813.4	103.8
河　北	14 073.6	10 942.9	3 050.2
山　西	2 692.5	1 968.1	611.5
内蒙古	4 694.3	3 310.9	1 704.3
辽　宁	851.9	378.5	171.7
吉　林	1 115.4	1 123.5	461.9
黑龙江	2 724.4	2 434.5	956.9
上　海	0.0	0.0	0.0
江　苏	22 228.7	16 684.0	8 731.5
浙　江	10 867.3	6 511.7	3 139.8
安　徽	11 727.3	9 366.9	6 844.2
福　建	4 911.5	3 709.3	2 498.8
江　西	23 074.1	18 629.5	9 025.3
山　东	21 917.7	11 268.7	7 754.8
河　南	13 659.6	10 843.7	6 163.1
湖　北	27 905.1	21 159.8	14 206.3
湖　南	23 326.3	18 367.6	9 276.9
广　东	48 287.1	12 456.9	2 313.3
广　西	3 301.9	2 179.8	420.5
海　南	47.6	62.6	29.3
重　庆	2 482.1	1 858.8	1 208.5
四　川	9 458.6	7 579.4	4 494.1
贵　州	3 864.8	3 157.1	544.3
云　南	3 451.1	4 933.3	3 613.2
陕　西	3 482.8	4 281.7	1 525.8
甘　肃	6 416.8	4 681.8	2 868.5
青　海	1 360.6	1 290.4	477.2
宁　夏	4 522.2	3 247.8	2 112.4
新　疆	7 372.3	6 718.1	292.8

（续）

地区	按股分红总额 （万元）	成立基层党组织的 农民专业合作社数 （个）	农民专业合作社 成员中党员数 （个）	农民专业合作社 联合会数 （个）
全　国	**51 991.4**	**38 912**	**615 318**	**1 784**
北　京	219.5	157	3 172	9
天　津	230.0	21	2 306	0
河　北	1 857.0	751	16 773	90
山　西	276.0	325	13 253	48
内蒙古	1 300.2	82	2 157	0
辽　宁	28.6	318	9 727	10
吉　林	376.4	712	9 959	53
黑龙江	1 410.9	167	6 215	5
上　海	0.0	0	0	0
江　苏	5 045.8	1 063	54 496	176
浙　江	1 485.4	336	18 943	92
安　徽	1 527.3	1 397	26 373	24
福　建	726.4	155	7 301	35
江　西	7 246.2	834	15 825	118
山　东	1 684.0	9 072	90 596	75
河　南	3 069.8	2 830	27 635	278
湖　北	5 940.5	2 546	33 423	81
湖　南	6 188.6	3 340	66 815	344
广　东	4 113.6	363	9 591	23
广　西	539.3	1 054	11 431	73
海　南	33.1	36	1 055	14
重　庆	206.1	158	15 870	15
四　川	2 001.0	1 187	33 269	2
贵　州	1 502.2	7 001	52 511	144
云　南	465.3	1 463	37 113	28
陕　西	1 410.3	859	20 231	11
甘　肃	1 394.4	2 377	22 032	29
青　海	454.6	40	1 448	3
宁　夏	913.2	23	381	1
新　疆	345.8	245	5 417	3

表3 全国农民负担情况统计表

指标名称	代码	计量单位	数量	比去年增长(%)
一、上交集体各种款项	1	元	17 138 060 880.3	15.85
（一）土地承包金	2	元	16 105 337 822.4	16.57
（二）共同生产费用	3	元	199 531 904.8	−2.17
（三）建房收费	4	元	182 905 644.4	0.79
（四）其他款项	5	元	650 285 508.7	9.76
二、村民一事一议筹资筹劳				
（一）一事一议筹资筹劳涉及村数	6	个	52 908	−17.63
（二）一事一议筹资	7	元	1 246 870 710.0	−30.72
1. 一事一议筹资涉及村数	8	个	50 494	−14.04
2. 一事一议筹资涉及人数	9	人	61 021 705	−15.94
（三）一事一议筹劳	10	个	95 143 677	−29.14
1. 一事一议筹劳涉及村数	11	个	28 639	−39.51
2. 一事一议筹劳涉及人数	12	人	17 931 409	−45.01
3. 一事一议筹劳以资代劳工日数	13	个	51 631 961	−25.83
4. 一事一议筹劳以资代劳资金数	14	元	594 960 193.0	−32.88
三、农业生产性收费	15	元	12 778 608 655.2	7.68
（一）农业灌溉水费	16	元	6 906 104 962.3	16.41
（二）农业灌溉电费	17	元	5 763 735 404.0	−0.51
（三）其他收费	18	元	108 768 289.0	−23.01
四、行政事业性收费	19	元	1 349 507 399.1	−27.84
（一）农民建房收费	20	元	124 710 356.6	−35.90
（二）外出务工经商收费	21	元	121 038 867.5	−29.50
（三）农机、摩托车、三轮车和低速载货汽车收费	22	元	578 471 999.5	−24.71
（四）计划生育收费	23	元	282 478 756.1	−39.09
（五）其他收费	24	元	242 807 419.5	−10.70
五、农村义务教育收费	25	元	1 275 804 513.5	1.87
农村义务教育在校学生数	26	人	85 035 327	−1.77
六、罚款	27	元	69 740 880.0	−17.93
七、集资摊派	28	元	1 990 902.3	−51.66

表3－1　各省份农民负担情况统计表

地区	上交集体各种款项（元）	土地承包金（元）	共同生产费用（元）
全　国	**17 138 060 880. 3**	**16 105 337 822. 4**	**199 531 904. 8**
北　京	677 309 000. 0	670 213 000. 0	205 000. 0
天　津	490 507 269. 9	487 869 347. 9	924 000. 0
河　北	1 482 826 998. 1	1 428 489 004. 6	12 980 866. 6
山　西	310 849 622. 8	268 590 587. 2	3 348 096. 0
内蒙古	117 869 889. 0	114 765 368. 0	337 000. 0
辽　宁	412 376 151. 9	402 994 286. 6	879 072. 0
吉　林	651 032 704. 4	616 375 583. 9	7 382 899. 0
黑龙江	1 658 392 571. 1	1 649 247 624. 5	0. 0
上　海	4 907 500. 0	4 907 500. 0	0. 0
江　苏	1 693 599 090. 2	1 534 014 019. 9	50 493 757. 6
浙　江	519 314 508. 0	348 025 058. 0	4 465 225. 0
安　徽	50 389 000. 0	44 298 000. 0	3 420 000. 0
福　建	85 050 019. 0	61 715 913. 0	618 400. 0
江　西	48 601 150. 9	26 021 410. 1	12 246 325. 0
山　东	3 020 854 796. 0	2 874 225 826. 0	19 487 786. 0
河　南	339 855 567. 9	302 070 935. 0	12 446 854. 0
湖　北	369 325 810. 0	314 897 437. 0	26 485 359. 0
湖　南	46 315 367. 3	39 557 344. 6	1 631 917. 0
广　东	2 615 477 300. 0	2 506 297 900. 0	8 600 800. 0
广　西	40 417 314. 1	35 414 160. 1	1 428 939. 0
海　南	49 568 494. 1	42 641 877. 1	2 136 195. 2
重　庆	11 758 160. 0	8 334 460. 0	5 601. 0
四　川	99 332 447. 8	55 040 957. 6	19 538 246. 2
贵　州	4 372 470. 2	3 568 994. 0	399 600. 0
云　南	130 895 264. 0	110 213 603. 0	3 101 299. 0
陕　西	138 200 164. 8	106 190 952. 1	6 771 267. 2
甘　肃	30 626 900. 0	29 966 000. 0	131 100. 0
青　海	302 370. 0	302 370. 0	0. 0
宁　夏	29 506 630. 8	29 108 586. 2	66 300. 0
新　疆	2 008 226 348. 0	1 989 979 716. 0	0. 0

（续）

地区	建房收费 （元）	其他款项 （元）	一事一议筹资筹 劳涉及村数（个）
全 国	**182 905 644.4**	**650 285 508.7**	**52 908**
北 京	0.0	6 891 000.0	0
天 津	42 000.0	1 671 922.0	0
河 北	3 336 242.5	38 020 884.4	5 692
山 西	449 853.0	38 461 086.7	3 332
内蒙古	0.0	2 767 521.0	399
辽 宁	0.0	8 502 793.3	1 508
吉 林	22 000.0	27 252 221.5	82
黑龙江	10 000.0	9 134 946.6	23
上 海	0.0	0.0	0
江 苏	10 101 641.0	98 989 671.8	4 593
浙 江	129 961 714.0	36 862 511.0	1 248
安 徽	0.0	2 671 000.0	3 875
福 建	10 852 306.0	11 863 400.0	534
江 西	6 751 056.8	3 582 359.0	3 895
山 东	644 700.0	126 496 484.0	182
河 南	3 660 350.0	21 677 428.9	1 944
湖 北	318 300.0	27 624 714.0	4 035
湖 南	962 300.0	4 163 805.6	1 848
广 东	7 145 300.0	93 433 300.0	3 173
广 西	115 862.0	3 458 353.0	6 625
海 南	65 000.0	4 725 421.8	277
重 庆	59 401.0	3 358 698.0	1 099
四 川	2 168 868.0	22 584 376.0	3 794
贵 州	2 564.1	401 312.1	1 089
云 南	5 519 551.0	12 060 811.0	801
陕 西	614 435.0	24 623 510.5	1 686
甘 肃	7 200.0	522 600.0	485
青 海	0.0	0.0	109
宁 夏	0.0	331 744.6	579
新 疆	95 000.0	18 151 632.0	1

（续）

地区	一事一议筹资（元）	一事一议筹资涉及村数（个）	一事一议筹资涉及人数（人）	一事一议筹劳（个）
全　国	**1 246 870 710.0**	**50 494**	**61 021 705**	**95 143 677**
北　京	0.0	0	0	0
天　津	0.0	0	0	0
河　北	116 689 241.6	5 674	6 970 177	47 527
山　西	23 463 735.1	2 866	1 958 257	826 505
内蒙古	10 027 610.0	408	226 993	340 052
辽　宁	4 703 724.0	453	153 167	578 445
吉　林	497 842.0	68	58 242	54 348
黑龙江	271 093.0	10	6 440	49 223
上　海	0.0	0	0	0
江　苏	207 417 408.7	4 548	11 673 121	32 370 444
浙　江	47 780 590.0	853	741 085	819 170
安　徽	99 952 000.0	3 866	9 854 000	613 000
福　建	27 610 800.0	448	412 400	279 647
江　西	22 830 307.3	3 876	972 660	116 536
山　东	1 493 558.0	157	85 623	409 866
河　南	23 800 128.8	1 555	1 204 900	145 856
湖　北	111 072 749.0	3 629	7 472 703	28 567 521
湖　南	62 371 952.0	9 684	2 517 250	326 131
广　东	38 318 800.0	663	1 915 900	364 959
广　西	217 703 814.9	6 722	10 484 789	15 220 150
海　南	14 107 299.0	209	151 538	63 914
重　庆	66 882 287.0	869	865 505	948 648
四　川	64 240 363.6	1 347	818 304	6 776 729
贵　州	6 085 907.0	441	248 443	262 451
云　南	11 389 075.0	368	424 693	791 430
陕　西	57 535 216.1	1 287	1 281 411	1 357 350
甘　肃	8 268 800.0	380	415 200	1 994 100
青　海	10 099.5	36	1 450	25 347
宁　夏	2 345 288.5	76	107 420	1 794 328
新　疆	1 020.0	1	34	0

（续）

地区	一事一议筹劳涉及村数（个）	一事一议筹劳涉及人数（人）	一事一议筹劳以资代劳工日数（个）
全　国	**28 639**	**17 931 409**	**51 631 961**
北　京	0	0	0
天　津	0	0	0
河　北	115	45 039	41 761
山　西	1 644	366 344	740 609
内蒙古	103	26 615	40 228
辽　宁	1 437	287 460	160 261
吉　林	25	22 625	7 038
黑龙江	14	16 077	0
上　海	0	0	0
江　苏	2 835	3 567 853	12 503 301
浙　江	533	246 231	231 764
安　徽	58	100 000	15 000
福　建	98	201 883	268 584
江　西	548	103 488	0
山　东	89	44 658	0
河　南	673	218 285	11 375
湖　北	3 464	4 486 892	26 703 300
湖　南	1 053	839 697	152 666
广　东	2 510	80 135	80 292
广　西	5 159	3 149 432	5 949 528
海　南	169	70 154	1 902
重　庆	670	311 887	159 499
四　川	3 362	1 288 722	2 250 762
贵　州	1 083	208 577	140 179
云　南	627	417 249	101 366
陕　西	1 318	759 212	1 309 049
甘　肃	364	377 200	444 900
青　海	86	19 773	11 418
宁　夏	602	675 921	307 179
新　疆	0	0	0

（续）

地区	一事一议筹劳以资代劳资金数（元）	农业生产性收费（元）	农业灌溉水费（元）
全　国	**594 960 193.0**	**12 778 608 655.2**	**6 906 104 962.3**
北　京	0.0	57 457 000.0	11 006 000.0
天　津	0.0	48 299 073.8	1 732 107.0
河　北	712 830.0	2 107 154 703.5	158 876 187.2
山　西	17 048 331.0	531 949 417.2	234 297 236.5
内蒙古	1 850 040.0	1 053 318 601.0	669 691 456.0
辽　宁	6 851 799.0	245 436 246.1	173 099 462.5
吉　林	111 800.0	139 651 380.6	71 788 366.2
黑龙江	0.0	281 598 100.8	160 410 637.7
上　海	0.0	22 263 200.0	8 539 300.0
江　苏	116 579 692.0	537 449 790.5	295 438 432.5
浙　江	20 070 220.0	73 870 520.0	8 985 622.0
安　徽	900 000.0	139 321 000.0	87 440 000.0
福　建	11 258 000.0	8 881 700.0	1 723 300.0
江　西	0.0	73 328 526.5	29 069 200.5
山　东	0.0	869 352 302.0	442 194 421.0
河　南	195 154.0	664 180 517.5	63 303 643.2
湖　北	160 430 912.0	100 084 520.0	78 434 269.0
湖　南	8 773 543.0	31 215 093.6	11 783 916.0
广　东	2 549 300.0	96 450 953.8	12 082 522.0
广　西	61 530 844.0	58 816 558.9	14 762 762.4
海　南	249 000.0	1 611 919.9	1 126 199.3
重　庆	5 942 775.0	4 023 042.0	623 812.0
四　川	102 341 481.0	165 133 183.9	100 462 587.1
贵　州	5 782 617.0	5 390 650.9	1 083 635.0
云　南	3 377 260.0	114 064 822.0	73 711 226.0
陕　西	45 645 767.0	675 466 730.0	444 323 781.7
甘　肃	15 011 700.0	963 535 200.0	697 550 800.0
青　海	535 038.0	19 884 377.8	15 164 896.6
宁　夏	7 212 090.0	228 230 529.0	206 838 587.0
新　疆	0.0	3 461 188 994.0	2 830 560 596.0

（续）

地区	农业灌溉电费 （元）	其他收费 （元）	行政事业性收费 （元）
全　国	5 763 735 404.0	108 768 289.0	1 349 507 399.1
北　京	45 410 000.0	1 041 000.0	21 000.0
天　津	46 566 966.8	0.0	2 911 585.0
河　北	1 943 762 747.3	4 515 769.0	14 679 107.7
山　西	293 832 454.7	3 819 726.0	5 296 477.0
内蒙古	382 734 475.0	892 670.0	3 441 640.0
辽　宁	71 088 482.2	1 248 301.4	65 900.0
吉　林	62 175 466.4	5 687 548.0	5 458 421.0
黑龙江	120 622 563.1	564 900.0	2 358 035.0
上　海	11 943 000.0	1 780 900.0	5 166 000.0
江　苏	223 349 884.9	18 661 473.1	113 458 858.0
浙　江	61 955 008.0	2 929 890.0	143 763 326.0
安　徽	51 793 000.0	88 000.0	8 221 000.0
福　建	4 898 500.0	2 259 900.0	59 617 224.0
江　西	43 050 949.0	1 208 377.0	64 494 228.1
山　东	420 097 369.0	7 060 512.0	32 240 547.0
河　南	597 147 914.2	3 728 960.2	10 914 535.0
湖　北	20 125 655.0	1 524 596.0	8 975 414.0
湖　南	17 529 149.6	1 902 028.0	70 779 547.0
广　东	78 733 930.1	5 634 501.7	200 865 750.0
广　西	43 438 246.6	615 550.0	173 918 325.4
海　南	460 920.6	24 800.0	8 952 450.0
重　庆	3 379 230.0	20 000.0	9 434 975.0
四　川	57 097 808.8	7 572 788.0	47 284 780.5
贵　州	2 567 236.9	1 739 779.0	26 921 517.6
云　南	38 740 667.0	1 612 929.0	244 154 401.0
陕　西	211 132 007.5	20 010 940.8	25 880 313.5
甘　肃	264 275 300.0	1 709 100.0	304 900.0
青　海	4 690 819.2	28 662.0	935 732.0
宁　夏	21 187 563.1	204 378.8	1 624 176.4
新　疆	619 948 089.0	10 680 309.0	57 367 233.0

（续）

地区	农民建房收费 （元）	外出务工经商收费 （元）	农机、摩托车、 三轮车和低速载货 汽车收费（元）
全　国	**124 710 356. 6**	**121 038 867. 5**	**578 471 999. 5**
北　京	0. 0	0. 0	0. 0
天　津	87 700. 0	628 100. 0	795 639. 0
河　北	134 250. 0	671 454. 0	3 422 805. 6
山　西	0. 0	1 141 869. 0	3 252 521. 0
内蒙古	0. 0	367 000. 0	2 592 740. 0
辽　宁	0. 0	15 300. 0	42 600. 0
吉　林	2 600. 0	291 231. 0	4 551 590. 0
黑龙江	258 610. 0	409 230. 0	1 278 955. 0
上　海	0. 0	74 900. 0	4 693 600. 0
江　苏	7 077 955. 0	30 517 277. 0	57 799 510. 0
浙　江	43 596 073. 0	22 208 603. 0	54 738 779. 0
安　徽	1 000. 0	682 000. 0	6 513 000. 0
福　建	1 639 334. 0	8 911 531. 0	27 799 620. 0
江　西	30 936 065. 0	1 619 770. 0	2 763 068. 0
山　东	42 000. 0	4 750 337. 0	25 860 552. 0
河　南	2 475 137. 0	913 834. 0	5 448 676. 0
湖　北	370 400. 0	2 239 550. 0	4 161 714. 0
湖　南	6 195 796. 0	1 041 278. 0	4 893 558. 0
广　东	9 395 241. 0	18 742 801. 0	47 898 449. 0
广　西	4 749 225. 0	4 355 909. 0	57 657 478. 0
海　南	204 500. 0	29 500. 0	2 340 800. 0
重　庆	3 723 159. 0	269 000. 0	2 280 644. 0
四　川	2 138 045. 8	3 112 816. 0	19 753 002. 8
贵　州	7 962 909. 8	0. 0	2 232 781. 8
云　南	3 050 606. 0	1 721 515. 0	180 898 810. 0
陕　西	576 750. 0	8 465 802. 5	12 087 196. 0
甘　肃	33 000. 0	3 000. 0	3 000. 0
青　海	0. 0	41 480. 0	258 000. 0
宁　夏	0. 0	0. 0	978 518. 4
新　疆	60 000. 0	7 813 780. 0	41 474 392. 0

（续）

地区	计划生育收费（元）	其他收费（元）	农村义务教育收费（元）
全　国	**282 478 756.1**	**242 807 419.5**	**1 275 804 513.5**
北　京	0.0	21 000.0	0.0
天　津	529 546.0	870 600.0	16 900 730.0
河　北	9 075 918.1	1 374 680.0	8 036 333.2
山　西	370 253.0	531 834.0	5 776 208.0
内蒙古	0.0	481 900.0	1 107 069.0
辽　宁	0.0	8 000.0	4 081 739.0
吉　林	0.0	613 000.0	3 482 466.0
黑龙江	0.0	411 240.0	167 646.0
上　海	1 400.0	396 100.0	54 972 000.0
江　苏	1 551 700.0	16 512 416.0	293 168 555.0
浙　江	8 262 000.0	14 957 871.0	72 869 662.0
安　徽	398 000.0	627 000.0	22 612 000.0
福　建	10 020 848.0	11 245 891.0	7 595 872.0
江　西	25 759 986.1	3 415 339.0	78 484 393.9
山　东	383 000.0	1 204 658.0	78 963 212.0
河　南	403 000.0	1 673 888.0	1 758 978.0
湖　北	1 207 250.0	996 500.0	28 011 223.0
湖　南	45 031 146.0	13 617 769.0	208 113 429.1
广　东	103 481 475.0	21 347 784.0	38 826 615.0
广　西	22 219 040.0	84 936 673.4	7 448 013.9
海　南	181 570.0	6 196 080.0	5 678 980.0
重　庆	2 488 900.0	673 272.0	31 321 149.0
四　川	19 674 436.9	2 606 479.0	241 326 130.0
贵　州	16 295 711.0	430 115.1	18 337 284.6
云　南	8 028 315.0	50 455 155.0	12 039 364.0
陕　西	158 700.0	4 591 865.0	22 696 666.0
甘　肃	2 000.0	263 900.0	6 046 200.0
青　海	53 200.0	583 052.0	1 839 545.0
宁　夏	366 300.0	279 358.0	2 666 925.9
新　疆	6 535 061.0	1 484 000.0	1 476 124.0

（续）

地区	农村义务教育在校学生数（人）	罚款（元）	集资摊派（元）
全 国	**85 035 327**	**69 740 880. 0**	**1 990 902. 3**
北 京	185 000	123 000. 0	0. 0
天 津	391 576	156 800. 0	0. 0
河 北	4 317 130	412 924. 0	0. 0
山 西	1 328 701	240 327. 0	0. 0
内蒙古	972 545	10 000. 0	0. 0
辽 宁	778 860	2 792. 0	0. 0
吉 林	506 938	18. 0	0. 0
黑龙江	592 553	4 100. 0	0. 0
上 海	204 569	500 000. 0	0. 0
江 苏	3 154 741	3 827 555. 0	0. 0
浙 江	3 336 818	36 722 178. 0	1 000. 0
安 徽	4 261 000	61 000. 0	0. 0
福 建	2 484 128	954 800. 0	0. 0
江 西	2 656 912	905 381. 0	5 000. 0
山 东	5 865 218	567 186. 0	180. 0
河 南	13 984 515	3 245 500. 0	
湖 北	2 925 321		
湖 南	3 668 830	3 206 983. 5	0. 0
广 东	6 641 310	2 973 931. 0	0. 0
广 西	4 280 408	6 999 342. 0	1 003 064. 0
海 南	181 497	11 000. 0	0. 0
重 庆	2 089 121	1 293 905. 0	0. 0
四 川	5 321 015	2 301 696. 8	269. 3
贵 州	3 774 982	1 307 796. 8	329 350. 0
云 南	4 657 155	1 782 072. 0	0. 0
陕 西	1 524 248	387 348. 0	200 039. 0
甘 肃	1 767 300	0. 0	452 000. 0
青 海	444 045	296 139. 0	0. 0
宁 夏	431 866	0. 0	0. 0
新 疆	2 307 025	1 447 105. 0	0. 0

表4 全国农经机构队伍情况统计表

指标名称	代码	计量单位	数量	比上年增长（%）
一、农经机构设置情况				
（一）省级机构数	1	个	87	1.2
1. 行政机构数	2	个	57	0.0
2. 事业机构数	3	个	30	3.4
（二）地级机构数	4	个	506	1.8
1. 行政机构数	5	个	273	5.8
2. 事业机构数	6	个	233	-2.5
（三）县级机构数	7	个	2 914	1.9
1. 行政机构数	8	个	681	4.3
2. 事业机构数	9	个	2 233	1.1
（四）乡级机构数	10	个	21 536	-11.4
1. 职责明确由行政机构承担的机构数	11	个	5 547	-3.0
2. 职责由专职事业机构承担的机构数	12	个	15 989	-13.9
二、农经队伍情况				
（一）实有人数	13	人	101 183	-8.0
1. 省级实有人数	14	人	849	5.1
2. 地级实有人数	15	人	2 850	5.2
3. 县级实有人数	16	人	21 454	0.0
4. 乡级实有人数	17	人	76 030	-10.6
（二）在编人数	18	人	85 046	-7.8
1. 省级在编人数	19	人	853	6.5
其中：在编行政人员	20	人	405	0.5
2. 地级在编人数	21	人	2 787	8.3

（续）

指标名称	代码	计量单位	数量	比上年增长（％）
其中：在编行政人员	22	人	740	2.1
3. 县级在编人数	23	人	20 809	0.6
其中：在编行政人员	24	人	3 669	−5.8
4. 乡级在编人数	25	人	60 597	−11.1
其中：在编行政人员	26	人	18 221	0.7
（三）县乡在编人员素质状况				
1. 中专以上学历人数	27	人	77 487	−4.3
其中：大专及其以上人数	28	人	64 902	−3.3
2. 专业技术职称人数	29	人	34 117	−0.6
其中：（1）高级职称人数	30	人	5 598	2.4
（2）中级职称人数	31	人	17 568	−7.8
（四）县乡在编人员从事农经工作年限				
1. 3年（含）以下人数	32	人	19 119	5.0
2. 3~5年（含）人数	33	人	11 222	−23.3
3. 5年（不含）以上人数	34	人	51 065	−8.8
三、附报				
（一）未明确承担农经职能机构的乡镇数	35	个	5 209	−1.0
（二）职责分解设置的乡镇机构数	36	个	11 290	15.2

表4-1 各省份农经机构队伍情况表

地区	省级机构数（个）	行政机构数（个）	事业机构数（个）	地级机构数（个）	行政机构数（个）	事业机构数（个）
全　国	87	57	30	506	273	233
北　京	1	1	0	0	0	0
天　津	3	2	1	0	0	0
河　北	4	2	2	23	14	9
山　西	5	2	3	20	8	12
内蒙古	3	2	1	24	13	11
辽　宁	3	2	1	24	14	10
吉　林	3	2	1	11	3	8
黑龙江	3	2	1	20	9	11
上　海	2	1	1	0	0	0
江　苏	3	2	1	25	15	10
浙　江	2	2	0	16	11	5
安　徽	3	2	1	24	14	10
福　建	2	1	1	14	5	9
江　西	3	2	1	17	11	6
山　东	3	2	1	30	17	13
河　南	5	4	1	31	20	11
湖　北	5	3	2	15	12	3
湖　南	3	2	1	27	18	9
广　东	2	2	0	31	29	2
广　西	2	1	1	14	4	10
海　南	1	1	0	4	3	1
重　庆	3	2	1	0	0	0
四　川	5	4	1	31	16	15
贵　州	2	1	1	13	5	8
云　南	3	2	1	35	18	17
陕　西	3	2	1	16	6	10
甘　肃	3	2	1	15	1	14
青　海	2	1	1	3	0	3
宁　夏	2	1	1	4	0	4
新　疆	3	2	1	19	7	12

（续）

地区	县级机构数（个）	行政机构数（个）	事业机构数（个）	乡级机构数（个）	职责明确由行政机构承担的机构数（个）	职责由专职事业机构承担的机构数（个）
全　国	2 914	681	2 233	21 536	5 547	15 989
北　京	28	14	14	184	75	109
天　津	14	7	7	0	0	0
河　北	181	67	114	1 272	498	774
山　西	118	6	112	651	50	601
内蒙古	94	1	93	167	80	87
辽　宁	129	69	60	777	225	552
吉　林	76	4	72	388	21	367
黑龙江	89	4	85	360	9	351
上　海	11	2	9	121	8	113
江　苏	143	70	73	1 047	199	848
浙　江	116	38	78	833	200	633
安　徽	108	33	75	921	144	777
福　建	82	1	81	854	4	850
江　西	102	22	80	1 062	162	900
山　东	162	24	138	1 716	93	1 623
河　南	175	34	141	1 283	336	947
湖　北	96	26	70	1 149	19	1 130
湖　南	138	35	103	1 122	294	828
广　东	139	113	26	1 438	1 171	267
广　西	93	4	89	423	172	251
海　南	6	5	1	98	38	60
重　庆	52	18	34	945	568	377
四　川	197	48	149	1 965	723	1 242
贵　州	86	3	83	421	75	346
云　南	145	21	124	229	56	173
陕　西	114	7	107	975	213	762
甘　肃	89	3	86	848	100	748
青　海	26	0	26	77	12	65
宁　夏	22	0	22	32	0	32
新　疆	83	2	81	178	2	176

（续）

地区	实有人数 （人）	省级 实有人数 （人）	地级 实有人数 （人）	县级 实有人数 （人）	乡级 实有人数 （人）	在编人数 （人）
全 国	101 183	849	2 850	21 454	76 030	85 046
北 京	1 622	26	0	615	981	1 325
天 津	94	19	0	75	0	94
河 北	6 066	33	124	831	5 078	4 859
山 西	4 320	47	184	1 485	2 604	3 093
内蒙古	1 718	40	228	890	560	1 548
辽 宁	4 035	26	93	575	3 341	2 991
吉 林	3 367	27	76	881	2 383	3 413
黑龙江	3 515	35	107	987	2 386	3 234
上 海	514	24	0	139	351	514
江 苏	7 130	31	108	742	6 249	5 157
浙 江	2 999	16	65	611	2 307	2 453
安 徽	3 146	36	70	413	2 627	2 846
福 建	2 680	13	67	429	2 171	1 982
江 西	3 277	17	64	424	2 772	3 047
山 东	11 585	25	155	1 330	10 075	8 652
河 南	4 685	35	182	1 079	3 389	4 146
湖 北	5 566	52	92	783	4 639	5 263
湖 南	4 293	32	151	1 163	2 947	4 448
广 东	5 408	21	93	509	4 785	3 026
广 西	1 158	25	77	510	546	1 179
海 南	516	14	31	21	450	472
重 庆	2 705	25	0	331	2 349	2 591
四 川	5 060	38	124	1 355	3 543	4 345
贵 州	1 996	19	54	405	1 518	1 640
云 南	4 227	31	226	1 236	2 734	3 791
陕 西	3 706	28	135	1 399	2 144	3 299
甘 肃	3 493	37	150	1 120	2 186	3 311
青 海	445	23	26	238	158	391
宁 夏	519	33	20	239	227	423
新 疆	1 338	21	148	639	530	1 513

（续）

地区	省级在编人数（人）	在编行政人员（人）	地级在编人数（人）	在编行政人员（人）	县级在编人数（人）	在编行政人员（人）
全　国	853	405	2 787	740	20 809	3 669
北　京	26	26	0	0	609	289
天　津	25	14	0	0	69	13
河　北	32	15	127	35	796	160
山　西	47	14	181	10	1 363	49
内蒙古	40	11	228	25	841	27
辽　宁	26	0	96	41	536	102
吉　林	27	27	71	27	938	70
黑龙江	41	18	116	18	952	49
上　海	24	4	0	0	139	22
江　苏	31	17	92	59	694	302
浙　江	16	16	56	28	576	58
安　徽	36	18	72	34	378	55
福　建	13	5	64	10	450	41
江　西	15	10	70	23	434	67
山　东	25	12	137	40	1 365	104
河　南	35	21	170	37	1 047	111
湖　北	52	44	89	60	797	236
湖　南	30	14	144	71	1 159	505
广　东	21	21	82	61	439	288
广　西	25	5	87	15	493	89
海　南	9	9	10	7	18	16
重　庆	26	9	0	0	325	79
四　川	39	15	131	39	1 328	382
贵　州	19	4	59	5	407	33
云　南	31	14	230	24	1 246	25
陕　西	25	21	125	34	1 240	240
甘　肃	37	12	157	13	1 041	145
青　海	26	0	18	3	210	0
宁　夏	33	4	20	0	244	31
新　疆	21	5	155	21	675	81

（续）

地区	乡级在编人数（人）	在编行政人员（人）	中专以上学历人数（人）	大专及其以上人数（人）	专业技术职称人数（人）	高级职称人数（人）
全　国	**60 597**	**18 221**	**77 487**	**64 902**	**34 117**	**5 598**
北　京	690	269	1 257	1 170	196	16
天　津	0	0	69	66	37	9
河　北	3 904	1 523	4 505	3 752	1 333	237
山　西	1 502	379	2 722	2 263	1 095	133
内蒙古	439	134	1 189	1 051	597	135
辽　宁	2 333	841	2 690	2 325	1 016	98
吉　林	2 377	190	3 098	2 398	1 768	345
黑龙江	2 125	364	2 992	2 614	2 220	665
上　海	351	129	496	485	239	16
江　苏	4 340	1 222	5 003	4 332	2 133	232
浙　江	1 805	434	2 339	2 176	1 338	106
安　徽	2 360	411	2 632	2 199	1 473	125
福　建	1 455	170	1 877	1 602	1 111	212
江　西	2 528	548	2 719	2 023	1 225	70
山　东	7 125	1 827	8 371	7 399	4 347	728
河　南	2 894	1 034	3 656	2 801	1 694	361
湖　北	4 325	1 102	4 420	3 638	1 605	68
湖　南	3 115	1 078	3 982	2 914	952	223
广　东	2 484	1 996	2 923	1 892	555	44
广　西	574	193	1 000	859	369	24
海　南	435	295	377	268	106	4
重　庆	2 240	883	2 413	2 161	915	139
四　川	2 847	1 001	4 056	3 636	1 737	225
贵　州	1 155	488	1 458	1 262	1 038	183
云　南	2 284	198	3 457	3 133	2 517	804
陕　西	1 909	848	2 890	2 281	928	109
甘　肃	2 076	518	2 897	2 512	1 001	162
青　海	137	66	349	295	198	20
宁　夏	126	45	369	360	187	77
新　疆	662	35	1 281	1 035	187	28

（续）

地区	中级职称人数（人）	3年（含）以下人数（人）	3~5年（含）人数（人）	5年(不含)以上人数（人）	未明确承担农经职能机构的乡镇数（人）	职责分解设置的乡镇机构数（人）
全　国	**17 568**	**19 119**	**11 222**	**51 065**	**5 209**	**11 290**
北　京	134	262	232	805	0	0
天　津	14	19	4	46	12	142
河　北	825	1 493	755	2 452	203	654
山　西	694	356	298	2 211	118	475
内蒙古	360	199	119	962	91	576
辽　宁	677	851	367	1 651	59	204
吉　林	672	230	151	2 934	69	162
黑龙江	779	577	197	2 303	146	4
上　海	142	115	79	296	1	0
江　苏	1 213	976	574	3 484	55	294
浙　江	712	733	380	1 268	201	392
安　徽	902	631	249	1 858	205	555
福　建	589	462	278	1 165	205	459
江　西	565	852	509	1 601	216	485
山　东	2 798	2 135	1 272	5 083	39	125
河　南	915	811	703	2 427	731	599
湖　北	810	437	420	4 265		
湖　南	487	1 076	557	2 641	223	511
广　东	209	1 005	578	1 340	0	1 171
广　西	173	336	158	573	571	154
海　南	41	93	84	276	35	23
重　庆	501	1 069	494	1 002	10	379
四　川	803	1 320	682	2 173	719	1 050
贵　州	516	379	332	851	315	772
云　南	838	593	364	2 573	199	908
陕　西	519	923	561	1 665	226	329
甘　肃	418	910	642	1 565	290	176
青　海	114	71	73	203	133	26
宁　夏	80	59	26	285	59	57
新　疆	68	146	84	1 107	78	608

表5　全国农村宅基地管理利用情况统计表

指标名称	代码	计量单位	数量	比上年增长（%）
一、基本情况		—	—	—
（一）宅基地宗数	1	宗	268 419 971	—
（二）占有一处宅基地的农户数	2	户	197 446 111	—
（三）占有两处及以上宅基地的农户数	3	户	18 846 965	—
（四）非本集体成员占有的宅基地宗数	4	宗	3 736 683	—
（五）闲置宅基地宗数	5	宗	12 538 103	—
其中：空闲废弃宅基地宗数	6	宗	4 423 991	—
二、管理情况		—	—	—
（一）审批宅基地		—	—	—
1. 宗数	7	宗	4 798 260	—
2. 面积	8	亩	2 165 130.8	—
其中：农转用		—	—	—
（1）宗数	9	宗	206 017	—
（2）面积	10	亩	65 997.5	—
（二）征收宅基地		—	—	—
1. 宗数	11	宗	1 361 703	—
2. 面积	12	亩	714 804.7	—
三、利用情况		—	—	—
（一）出租宅基地		—	—	—
1. 宗数	13	宗	2 071 882	—
2. 面积	14	亩	652 758.3	—
（二）转让宅基地		—	—	—
1. 宗数	15	宗	644 642	—
2. 面积	16	亩	186 691.4	—
（三）有偿使用宅基地面积	17	亩	324 087.7	—
（四）有偿退出宅基地面积	18	亩	219 726.4	—
（五）复垦宅基地面积	19	亩	1 734 300.3	—
其中：城乡增减挂钩调剂使用面积	20	亩	609 221.3	—

表5-1 各省份农村宅基地管理利用情况统计表

地 区	宅基地宗数（宗）	占有一处宅基地的农户数（户）	占有两处及以上宅基地的农户数（户）	非本集体成员占有的宅基地宗数（宗）
全 国	268 419 971	197 446 111	18 846 965	3 736 683
北 京	1 024 540	893 406	41 811	37 888
天 津	1 087 412	889 370	79 176	17 793
河 北	19 308 858	13 352 374	1 672 294	137 924
山 西	7 254 296	5 588 157	467 943	150 089
内蒙古	4 133 683	3 347 615	173 574	75 369
辽 宁	5 697 075	4 720 594	137 471	91 023
吉 林	3 483 556	3 270 761	94 729	151 129
黑龙江	4 365 909	3 785 437	212 264	81 914
上 海	794 993	782 180	14 347	10 910
江 苏	13 279 023	11 179 802	775 298	141 958
浙 江	11 466 124	8 344 155	1 170 274	181 194
安 徽	13 805 100	11 148 000	1 473 000	288 000
福 建	5 823 933	2 215 985	290 275	32 423
江 西	11 027 236	6 940 185	915 369	103 366
山 东	23 385 320	15 445 716	2 158 818	390 571
河 南	23 048 800	19 438 701	2 006 662	128 083
湖 北	10 870 198	9 032 506	673 782	170 612
湖 南	14 073 556	11 091 198	616 494	85 459
广 东	23 278 300	6 361 448	2 187 351	905 752
广 西	10 348 279	7 802 736	866 480	57 924
海 南	1 422 300	636 958	77 193	26 162
重 庆	6 608 332	5 998 129	241 770	46 926
四 川	18 788 141	16 648 815	681 757	121 901
贵 州	7 087 285	5 821 817	558 108	55 256
云 南	10 192 544	8 234 494	597 138	80 984
陕 西	7 666 389	6 922 366	393 893	36 388
甘 肃	4 257 000	3 592 000	100 000	30 000
青 海	779 684	710 474	22 143	9 963
宁 夏	893 672	856 459	14 863	38 035
新 疆	3 168 433	2 394 273	132 688	51 687

（续）

地　　区	闲置宅基地宗数（宗）	空闲废弃宅基地宗数（宗）	审批宅基地宗数（宗）	审批宅基地面积（亩）
全　　国	**12 538 103**	**4 423 991**	**4 798 260**	**2 165 130.8**
北　　京	17 010	2 148	35 493	14 706.0
天　　津	21 873	4 725	24	4.1
河　　北	948 810	274 243	1 274	443.7
山　　西	411 775	135 669	1 459	580.6
内　蒙古	145 259	39 842	3 148	3 381.4
辽　　宁	166 351	31 316	2 647	1 422.0
吉　　林	181 941	46 569	293 356	225 274.7
黑　龙江	521 346	103 460	33 388	18 226.9
上　　海	11 877	3 896	16 306	5 384.1
江　　苏	330 087	92 573	344 045	233 972.9
浙　　江	371 547	106 813	329 185	59 506.4
安　　徽	1 756 000	1 204 000	61 100	14 340.0
福　　建	148 699	30 996	506 386	99 435.0
江　　西	417 916	160 431	335 204	151 938.9
山　　东	1 126 641	311 169	155 449	56 017.0
河　　南	1 561 538	678 974	833 185	336 706.9
湖　　北	579 735	136 537	51 082	14 272.0
湖　　南	506 816	196 327	492 682	282 434.4
广　　东	946 810	189 315	36 200	6 754.0
广　　西	368 636	139 530	505 615	380 535.5
海　　南	56 955	21 585	130 950	43 667.2
重　　庆	437 921	130 986	48 011	8 024.0
四　　川	702 085	196 302	229 768	57 917.5
贵　　州	130 593	53 992	146 722	49 948.4
云　　南	334 487	40 158	20 812	4 214.0
陕　　西	173 835	59 664	112 714	45 942.1
甘　　肃	49 000	10 000	17 000	10 000.0
青　　海	21 386	6 018	8 551	3 587.3
宁　　夏	51 935	8 203	475	213.9
新　　疆	39 239	8 550	46 029	36 280.0

（续）

地　区	农转用宅基地宗数（宗）	农转用宅基地面积（亩）	征收宅基地宗数（宗）	征收宅基地面积（亩）
全　国	**206 017**	**65 997.5**	**1 361 703**	**714 804.7**
北　京	90	53.0	4 384	1 859.0
天　津	2	0.6	44	16.1
河　北	116	58.8	50 646	30 556.1
山　西	10	4.7	12 935	9 762.4
内蒙古	4	1.5	5 050	4 538.3
辽　宁	3	1.5	24 032	13 513.9
吉　林	7 605	4 117.5	6 744	6 164.6
黑龙江	5	1.4	2 984	2 337.7
上　海	1 292	580.6	7 554	2 445.1
江　苏	15 042	6 429.4	173 762	81 331.4
浙　江	26 964	4 338.3	87 521	56 688.1
安　徽	26 000	9 000.0	158 000	81 000.0
福　建	4 639	3 241.0	29 777	10 482.0
江　西	10 432	2 770.2	32 668	28 858.6
山　东	7 604	2 976.0	138 129	91 783.0
河　南	5 875	2 365.1	51 629	15 376.3
湖　北	12 357	3 739.7	20 644	7 432.0
湖　南	16 182	4 179.1	71 796	51 791.7
广　东	0	0.0	209 572	114 989.0
广　西	19 072	3 082.7	37 044	16 011.5
海　南	2 810	261.1	87	48.1
重　庆	4 814	703.0	34 126	9 681.0
四　川	16 155	5 209.2	75 994	21 961.7
贵　州	12 708	2 259.9	21 288	5 628.8
云　南	521	105.0	43 203	4 280.0
陕　西	2 840	946.8	15 025	7 871.2
甘　肃	2 000	2 000.0	10 000	11 000.0
青　海	936	332.8	5 481	3 716.5
宁　夏	19	11.5	1 468	751.7
新　疆	9 920	7 227.0	30 116	22 929.0

（续）

地　区	出租宅基地宗数（宗）	出租宅基地面积（亩）	转让宅基地宗数（宗）	转让宅基地面积（亩）
全　国	**2 071 882**	**652 758.3**	**644 642**	**186 691.4**
北　京	17 585	7 696.0	822	319.0
天　津	9 317	3 408.6	105	40.0
河　北	55 637	31 045.8	9 307	5 704.7
山　西	19 546	9 021.6	3 175	1 499.7
内蒙古	6 603	4 684.7	2 844	3 054.7
辽　宁	34 095	17 181.7	12 907	8 536.8
吉　林	7 078	10 842.1	4 064	4 471.1
黑龙江	19 652	16 989.7	27 081	26 519.8
上　海	62 594	14 725.8	259	82.0
江　苏	125 608	55 280.7	19 575	9 694.7
浙　江	328 719	73 399.7	17 879	3 500.2
安　徽	81 000	44 000.0	14 000	4 000.0
福　建	10 867	4 137.0	3 268	1 014.0
江　西	30 356	12 797.3	8 070	2 982.4
山　东	151 629	53 155.0	44 833	6 376.0
河　南	31 975	12 117.9	9 142	3 037.4
湖　北	16 122	3 599.0	15 488	4 473.1
湖　南	54 105	34 778.6	13 183	4 051.3
广　东	601 438	138 904.0	377 244	72 193.0
广　西	24 454	10 613.3	3 431	918.7
海　南	1 156	472.5	42	140.4
重　庆	11 376	3 089.0	4 492	1 142.0
四　川	33 273	11 104.4	26 907	4 758.3
贵　州	11 017	2 160.2	3 972	919.3
云　南	242 451	16 032.0	3 726	2 501.0
陕　西	42 336	17 213.3	2 722	1 011.1
甘　肃	4 000	7 000.0	1 000	1 000.0
青　海	2 842	1 630.2	8 331	5 332.8
宁　夏	2 303	1 531.2	2 648	1 798.0
新　疆	32 748	34 147.0	4 126	5 620.0

（续）

地　区	有偿使用宅基地 面积（亩）	有偿退出宅基 地面积（亩）	复垦宅基地 面积（亩）	城乡增减挂钩调剂 使用面积（亩）
全　国	324 087.7	219 726.4	1 734 300.3	609 221.3
北　京	3.9	0.0	0.0	0.0
天　津	728.6	1.0	0.5	0.0
河　北	5 299.8	2 462.0	19 585.0	2 538.8
山　西	1 860.7	17 345.0	36 759.7	3 293.9
内蒙古	407.5	61.0	1 087.5	2.0
辽　宁	502.4	5.7	3 963.7	2 522.7
吉　林	2 564.4	185.7	5 384.4	4 092.4
黑龙江	941.8	73.6	2 858.1	0.0
上　海	7.4	1 224.7	680.6	465.0
江　苏	13 529.9	55 821.4	331 560.8	83 684.7
浙　江	11 231.2	2 677.9	29 741.1	4 863.9
安　徽	14 000.0	8 000.0	209 450.0	110 100.0
福　建	44 435.0	1 008.0	206 657.0	51 150.0
江　西	24 606.7	11 482.4	34 087.6	20 894.2
山　东	30 892.0	5 674.0	81 752.0	30 394.0
河　南	16 087.8	3 417.3	103 953.9	15 851.7
湖　北	2 281.8	1 392.6	63 457.4	39 865.3
湖　南	20 871.2	60 752.4	82 822.8	58 041.2
广　东	18 597.0	1 171.0	43 031.0	21 060.0
广　西	1 276.1	2 240.1	67 404.5	21 516.6
海　南	0.0	23.0	102.0	9.0
重　庆	12 984.0	12 444.0	66 129.0	23 210.0
四　川	5 055.1	14 672.6	126 802.0	54 343.5
贵　州	736.1	3 580.3	35 069.5	16 110.3
云　南	2 488.0	4 339.0	66 721.0	17 244.0
陕　西	439.5	5 226.7	45 732.8	9 897.5
甘　肃	1 000.0	4 000.0	49 000.0	11 000.0
青　海	252.3	192.2	9 788.8	2 722.6
宁　夏	16.6	126.0	836.5	300.0
新　疆	90 991.0	127.0	9 881.0	4 048.0

表6 全国乡村治理情况统计表

指标名称	代码	计量单位	数量	比去年增长(%)
一、村民自治				
（一）有村务监督组织的村数	1	个	519 567	-3.73
（二）年内财务公开的次数	2	次	2 832 254	6.14
（三）有村规民约的村数	3	个	507 604	-2.31
（四）年内召开村民会议或村民代表会议的次数	4	次	4 004 233	9.12
（五）其他自发性群众社会组织数	5	个	186 244	7.28
二、法治建设				
（一）实行"一村一辅警"的村数	6	个	409 601	7.28
（二）建立法律顾问、法律服务工作室的村数	7	个	42 330	3.96
（三）年内开展农村法治宣传教育的次数	8	次	1 911 993	5.67
三、道德文化				
（一）建立红白喜事简办制度的村数	9	个	446 980	1.06
（二）"农村文明家庭"等户数	10	户	1 7 180 694	-4.63
（三）"农村道德模范"等人数	11	人	4 372 446	-6.69
（四）有乡村特色文化产业的村数	12	个	76 365	7.56
四、乡村发展				
（一）有村庄规划的村数	13	个	370 565	5.97
（二）村庄道路全部硬化的村数	14	个	439 297	5.09
（三）有村级服务站的村数	15	个	376 792	5.54

表6-1 各省份乡村治理情况统计表

地区	有村务监督 组织的村数（个）	年内财务 公开的次数（次）	有村规民约 的村数（个）
全　国	**519 567**	**2 832 254**	**507 604**
北　京	3 864	28 024	3 876
天　津	3 519	22 128	3 519
河　北	47 715	168 382	45 385
山　西	23 667	109 554	22 874
内蒙古	10 909	70 928	9 924
辽　宁	11 347	50 532	11 180
吉　林	9 142	32 733	8 705
黑龙江	8 919	37 970	8 681
上　海	1 554	18 395	1 543
江　苏	15 695	110 696	15 622
浙　江	20 154	170 771	20 059
安　徽	15 797	80 918	15 295
福　建	14 565	101 669	14 194
江　西	17 135	52 863	16 343
山　东	70 935	676 842	71 068
河　南	47 244	163 254	45 507
湖　北	23 689	101 688	22 779
湖　南	24 316	81 496	23 928
广　东	19 425	176 119	19 425
广　西	14 715	33 314	14 308
海　南	2 067	7 306	2 175
重　庆	7 961	76 193	7 871
四　川	28 230	124 898	28 212
贵　州	15 880	62 647	15 862
云　南	13 589	92 353	13 627
陕　西	16 902	52 285	16 637
甘　肃	15 403	49 456	14 048
青　海	4 062	13 472	4 055
宁　夏	2 237	19 901	2 236
新　疆	8 930	45 467	8 666

（续）

地区	年内召开村民会议或村民代表会议的次数（次）	其他自发性群众社会组织数（个）	实行"一村一辅警"的村数（个）
全　国	**4 004 233**	**186 244**	**409 601**
北　京	29 728	2 029	3 118
天　津	37 385	1 101	2 922
河　北	302 028	17 121	27 271
山　西	264 598	5 758	16 307
内蒙古	96 668	1 955	5 955
辽　宁	82 058	958	8 228
吉　林	76 211	848	8 922
黑龙江	89 388	1 042	7 627
上　海	9 307	683	1 426
江　苏	135 686	9 041	14 910
浙　江	153 010	22 159	17 784
安　徽	88 148	5 273	15 207
福　建	86 035	4 199	9 493
江　西	59 625	8 887	13 228
山　东	577 538	20 975	62 939
河　南	247 939	16 030	44 909
湖　北	181 398	7 836	19 659
湖　南	117 750	7 055	24 177
广　东	140 035	6 633	11 655
广　西	246 112	3 627	12 292
海　南	17 594	500	1 046
重　庆	88 113	3 791	4 413
四　川	261 400	11 499	17 335
贵　州	121 897	7 617	13 008
云　南	168 616	6 949	9 884
陕　西	97 849	4 127	12 757
甘　肃	104 296	3 525	8 307
青　海	22 169	470	3 953
宁　夏	19 735	2 219	2 025
新　疆	81 917	2 337	8 844

（续）

地区	建立法律顾问、法律服务工作室的村数（个）	年内开展农村法治宣传教育的次数（次）	建立红白喜事简办制度的村数（个）
全　国	**423 320**	**1 911 993**	**446 980**
北　京	3 755	15 282	2 233
天　津	3 238	14 548	3 119
河　北	34 940	90 801	42 027
山　西	15 792	79 535	19 231
内蒙古	5 383	27 031	6 915
辽　宁	8 089	28 086	7 218
吉　林	7 129	27 752	5 356
黑龙江	4 845	26 028	5 891
上　海	1 439	8 045	1 153
江　苏	14 139	71 524	14 194
浙　江	18 887	79 135	17 042
安　徽	13 710	50 610	13 608
福　建	11 071	47 060	11 906
江　西	12 881	39 476	15 416
山　东	65 098	253 811	70 065
河　南	44 019	149 097	43 694
湖　北	18 891	84 080	20 243
湖　南	19 038	60 075	22 054
广　东	19 425	81 807	8 744
广　西	13 344	46 148	11 133
海　南	1 427	4 918	1 700
重　庆	6 405	47 160	7 553
四　川	23 958	153 519	26 384
贵　州	12 807	96 792	15 781
云　南	9 614	88 094	12 672
陕　西	11 731	52 037	15 346
甘　肃	9 543	43 631	12 140
青　海	2 949	14 196	3 534
宁　夏	2 149	8 835	2 179
新　疆	7 624	122 880	8 449

（续）

地区	"农村文明家庭"等户数（户）	"农村道德模范"等人数（人）	有乡村特色文化产业的村数（个）
全 国	17 180 694	4 372 446	76 365
北 京	19 606	4 270	434
天 津	21 442	2 973	222
河 北	760 795	155 689	3 440
山 西	498 560	123 821	3 576
内蒙古	63 587	28 451	1 300
辽 宁	176 263	60 406	1 014
吉 林	187 076	57 889	664
黑龙江	105 691	44 072	810
上 海	133 677	17 068	213
江 苏	2 805 425	231 434	3 370
浙 江	1 541 629	193 634	4 320
安 徽	729 550	172 636	2 822
福 建	490 656	42 587	2 499
江 西	245 015	77 591	3 285
山 东	1 181 506	739 120	7 066
河 南	790 152	297 635	6 025
湖 北	926 573	429 697	5 369
湖 南	1 177 333	303 074	4 500
广 东	895 821	151 366	2 215
广 西	104 597	137 916	2 893
海 南	8 523	2 217	338
重 庆	153 084	127 866	1 660
四 川	1 023 276	269 330	6 324
贵 州	849 538	218 303	2 923
云 南	563 889	123 371	2 315
陕 西	248 759	83 036	2 740
甘 肃	77 398	31 315	1 798
青 海	179 490	20 421	369
宁 夏	17 650	5 729	542
新 疆	1 204 133	219 529	1 319

（续）

地区	有村庄规划的村数（个）	村庄道路全部硬化的村数（个）	有农村社区综合服务站的村数（个）
全　国	370 565	439 297	376 792
北　京	2 992	3 604	3 388
天　津	2 476	2 894	3 093
河　北	31 815	36 700	40 289
山　西	13 868	21 887	11 557
内蒙古	6 789	8 290	5 610
辽　宁	5 657	5 726	4 924
吉　林	5 545	6 125	5 600
黑龙江	5 638	4 963	4 059
上　海	919	1 373	1 345
江　苏	13 167	13 655	15 267
浙　江	17 776	18 595	17 410
安　徽	12 323	13 803	13 520
福　建	9 985	11 882	9 629
江　西	15 315	16 019	13 924
山　东	49 209	60 676	38 171
河　南	31 507	38 272	34 963
湖　北	17 196	19 313	18 282
湖　南	16 054	20 857	21 170
广　东	16 885	18 997	19 425
广　西	8 236	12 719	11 246
海　南	1 772	2 140	1 314
重　庆	6 664	6 910	7 522
四　川	19 515	25 536	21 486
贵　州	14 332	15 931	14 586
云　南	10 993	11 246	10 352
陕　西	11 867	15 515	9 975
甘　肃	10 072	11 288	7 754
青　海	2 410	3 694	2 557
宁　夏	1 621	2 064	1 987
新　疆	7 967	8 623	6 387

第二篇
2

2020年农村合作经济统计分析报告

2020 年农业社会化服务发展情况

——农村合作经济统计分析报告之一

根据全国 30 个省、自治区、直辖市（不含西藏，下同）农业社会化服务发展情况数据汇总分析，2020 年，农业社会化服务克服新冠肺炎疫情带来的不利影响，继续保持稳中向好的发展态势，服务能力和水平进一步提升，有效满足广大农户和各类生产经营主体日益增长的服务需求，有力推动农业生产专业化、标准化、集约化发展，对保障国家粮食安全和重要农产品有效供给、促进小农户和现代农业有机衔接、推动农业现代化发展发挥了重要作用，显现出更加广泛的适应性和日益旺盛的生命力。

一、农业社会化服务发展总体稳中向好

截至 2020 年底，全国农业社会化服务组织总数为 95.5 万个，较上年增长 6.9%，服务营业收入总额 1 633.6 亿元，与上年基本持平。从增长速度看，供销合作社、服务协会等其他服务组织和农民合作社增长势头强劲，数量分别较上年增长 14.5% 和 12.8%（表 1）。从结构分布看，农业服务专业户在各类服务组织中占比仍然最高，为 48.0%；农民合作社次之，占比由上年的 31.1% 增至 32.8%；农村集体经济组织、服务型企业和其他服务组织占比分别为 6.7%、3.8% 和 8.7%（图 1）。从服务对象看，各类服务组织把小农户作为服务重点，服务小农户数量 7 804.7 万个（户），占服务对象总数的 83.2%，占全国农业经营户的 37.7%；服务小农户营业收入 898.0 亿元，占服务营业收入总额的 55.0%。

表1　2019—2020年各类农业社会化服务组织数量（万个）

	农民合作社	农村集体经济组织	服务型企业	农业服务专业户	其他服务组织	合计
2019年	27.7	6.3	3.4	44.6	7.3	89.3
2020年	31.3	6.4	3.6	45.9	8.3	95.5
增长率	12.8%	0.7%	6.4%	2.9%	14.5%	6.9%

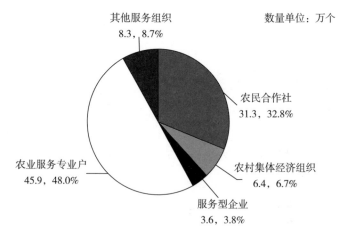

图1　2020年各类农业社会化服务组织数量和占比情况

二、多元化服务组织稳步壮大

各地按照主体多元、形式多样、服务专业、竞争充分的要求，因地制宜、分类指导，大力培育发展各类专业化服务组织，充分发挥各自优势和功能，服务组织呈现出竞相发展、稳步壮大的良好势头。

（一）**服务型农民合作社在各类服务组织中营业收入最高，服务对象和服务小农户数量最多。** 2020年，服务型农民合作社31.3万个，服务营业收入705.1亿元，占服务营业收入总额的43.2%，较上年提高1.3个百分点。服务对象数量最多，为3961.3万个（户），占全国服务对象总数的42.2%；其中又以服务小农户数量最多，为3

307.9 万个（户），占全国服务小农户总数的 42.4%。

（二）农业服务专业户充分发挥贴近小农户的优势，服务小农户数量和服务营业收入增势明显。 与其他服务组织相比，服务专业户服务对象中的小农户占比最高，达到 85.7%。2020 年，服务专业户 45.9 万个，服务营业收入 266.1 亿元，服务对象数量 2037.8 万个（户），其中服务小农户 1 746.3 万个（户），分别较上年增长 2.9%、11.4%、13.1%、15.4%。河南省服务专业户数量在全国最多，达 5.5 万个，占全国服务专业户总数的 12.1%，服务小农户 211.3 万个（户），每个服务专业户平均服务 38 个（户）小农户。

（三）服务型企业保持稳定发展势头，单体服务能力最强。 2020年，服务型企业 3.6 万个，服务营业收入 513.5 亿元，服务对象数量 1 810.2 万个（户），其中服务小农户数量 1 484.4 万个（户），分别较上年增长 6.4%、6.3%、0.7%、5.9%。虽然企业在各类服务组织中占比不高，但从单体情况看，其服务范围最广、服务对象数量最多、服务营业收入最高、服务专业化程度最高、服务带动能力最强。2020 年，服务型企业平均服务对象数量为 502 个（户），平均营业收入达到 142.3 万元（图 2）。

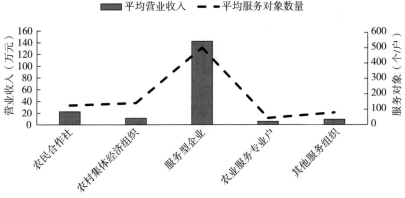

图 2　2020 年各类农业社会化服务组织平均营业
收入和平均服务对象数量情况

（四）开展社会化服务的农村集体经济组织稳步增长，组织优势明显。 2020 年，开展社会化服务的农村集体经济组织 6.4 万个，较上年增长 0.7%，服务营业收入 72.1 亿元。服务对象数量 905.2 万个（户），其中服务小农户数量 708.7 万个（户），较上年增长 5.0%。实践中，一些集体经济组织通过整合现有资源，组建服务团队，直接为农民生产提供服务；大多数集体经济组织则以提供"居间"服务为主，充分发挥桥梁纽带作用，组织协调广大小农户与各类服务组织对接，统一接受专业化规模化服务。

三、农业生产托管服务加快推进

（一）开展农业生产托管的服务组织数量增长较快。 2020 年，开展农业生产托管的服务组织 49.6 万个，较上年增长 12.4%。其中：服务专业户和农民合作社数量居前两位，分别为 24.5 万个、15.4 万个；供销合作社、服务协会等其他服务组织数量增速最快，较上年增长 23.7%（图 3）。青海省托管服务组织发展较快，数量由 2019 年的 790 个增长到 2020 年的 1824 个，是上年的 2.3 倍。

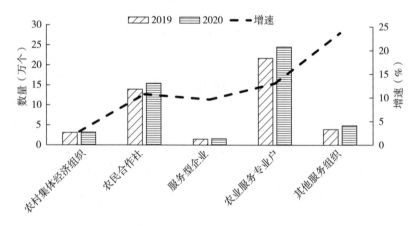

图 3 2020 年各类农业生产托管服务组织数量和增长情况

（二）农业生产托管服务面积增速加快。 2020 年，全国农业生产托管服务总面积达 16.7 亿亩次，较上年增长 10.6%，增速比上年提高 1.5 个百分点。其中，13 个粮食主产省的托管服务面积 13.4 亿亩次，较上年增长 12.3%。托管服务面积超过 1 亿亩次的省份为河北、山西、黑龙江、安徽、山东、河南 6 个省，托管服务面积达 9.7 亿亩次，占全国托管服务总面积的 58.2%。黑龙江作为超亿亩次的新晋省份，以"兰西模式"为示范样板，率先在全国开展农业生产托管服务整省推进工作，制定了《黑龙江省农业生产托管服务规范指引》《黑龙江省农业生产托管服务推广工作"一图一表一评价"方案》，编写了农业生产托管服务政策问答，为全面推进生产托管发展奠定了扎实基础。

（三）**农业生产托管服务保障国家粮食安全作用凸显**。2020 年，农业生产托管服务粮食作物面积达 10.6 亿亩次，较上年增长 23.0%，占全国托管服务总面积的 63.5%，较上年提高 6.3 个百分点；其中，13 个粮食主产省的粮食作物托管服务面积达 8.9 亿亩次，较上年增长 19.6%，生产托管在保障国家粮食安全和重要农产品有效供给方面发挥了突出作用。内蒙古、黑龙江、河南作为粮食主产省，粮食作物托管服务面积占本省份托管服务总面积的比重分别高达 81.4%、96.9% 和 83.3%。

（四）**小农户已成为农业生产托管服务的重点对象**。2020 年，农业生产托管服务小农户面积 10.7 亿亩次，占全国托管服务总面积的 64.3%。在农业生产过程的耕、种、防、收四个主要环节，小农户接受托管服务面积分别占各环节全国托管服务面积的 67.8%、66.4%、64.8% 和 67.9%，比重均超过六成，分别较上年提高 2.0、3.2、5.6 和 3.5 个百分点（表 2）。

表 2　2020 年农业生产托管服务各环节面积（亿亩次）

	耕	种	防	收
全国托管服务面积	4.5	3.7	3.3	4.6
服务小农户面积	3.0	2.5	2.1	3.1
占比	67.8%	66.4%	64.8%	67.9%

　　总的看，各级各部门深入贯彻中央决策部署，加强引导和推动，农业社会化服务在探索创新中加快发展，为农业农村经济注入了新的活力，成为深化农村改革、推进乡村振兴和农业农村现代化的一大亮点。但在发展过程中，还存在产业规模不大、领域不宽、质量不高等问题。下一步，围绕贯彻落实《农业农村部关于加快发展农业社会化服务的指导意见》，继续按照引导、推动、扶持、服务的思路，以培育农业服务业战略性大产业为目标，以服务粮食生产和小农户为重点，加快发展多元化、多层次、多类型的农业社会化服务，进一步推动主体壮大、机制创新、领域拓展、资源整合、行业规范，促进小农户和现代农业有机衔接，更好地引领小农户和农业现代化发展。

2020年农民专业合作社发展情况

——农村合作经济统计分析报告之二

　　根据对全国 30 个省、区、市（不含西藏，下同）农村合作经济统计年报数据汇总分析，2020 年，农民专业合作社呈现数量稳中缓升、质量结构优化的良好态势，服务能力持续增强，合作内容不断丰富，发展水平进一步提高，在建设现代农业、推动乡村振兴、引领小农户发展以及决战决胜脱贫攻坚战中发挥了重要作用，成为引领农民参与国内外市场竞争的现代农业经营组织。

一、合作社数量增速趋缓，发展质量稳步提升

　　数量增速放缓，部分沿海发达地区和西部地区出现负增长。截至 2020 年底，纳入统计调查的农民专业合作社总数达 201.2 万家①，比 2019 年底增长 3.9%，低于 2014—2018 年 13.3% 的年均增速。其中，青海、上海、山西、甘肃、海南、吉林、河北、天津、江苏、宁夏、黑龙江等 11 个省（区、市）合作社总数出现负增长，降幅分别为 11.8%、9.1%、5.6%、5.3%、4.3%、3.5%、2.5%、1.8%、1.6%、0.7%、0.6%。发展能力增强，产业链条逐步延长。实行产加销一体化服务的合作社 107.1 万家，占比 53.2%。以运销、加工服务为主的合作社分别为 9.2 万家、6.7 万家，比 2019 年底增长 9.3% 和 11.0%。创办加工、流通、销售等实体的合作社 9.3 万家。拥有注

---

① 据市场监管总局统计，截至 2020 年底全国依法登记注册的农民合作社 224.9 万家。该数据略低的主要原因是，部分新注册的合作社、已停止运行未注销的合作社、西藏自治区合作社等未纳入统计范围。

册商标的合作社 10.8 万家，通过农产品质量认证的合作社 5.5 万家，分别比 2019 年增长 1.8%和 10.0%。规范水平不断提高，分配机制更加健全。截至 2020 年底，全国县级及以上示范社 16.8 万家，占农民合作社总数的 8.4%，其中国家级 0.9 万家、省级 3.2 万家、市级 5.2 万家、县级 7.5 万家，较 2019 年底分别增长 7.0%、11.1%、4.4%、7.4%。提留公积金、公益金、风险金的合作社 23.9 万家，比 2019 年增长 5.4%。60%以上可分配盈余按交易量（额）返还成员的合作社 31.0 万家，比 2019 年底增长 8.2%。

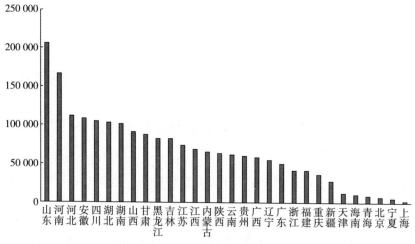

图 1　2020 年底各省、区、市（不含西藏）纳入统计调查的
农民专业合作社数量

二、行业结构持续优化，新产业新业态发展迅速

截至 2020 年底，从事种植业、畜牧业、服务业、林业、渔业的农民合作社数量依次为 109.8 万家、41.9 万家、16.5 万家、12.1 万家和 6.1 万家，占比分别为 54.6%、20.8%、8.2%、6.0%、3.0%，合作社数量分别比 2019 年底增长 3.9%、2.5%、7.2%、3.2%和 4.4%。种养业合作社数量占比超七成。种养业合作社占比 75.4%，

比 2019 年底下降 3.3 个百分点。种植业合作社中，粮食、蔬菜类合作社数量分别为 48.3 万家、20.6 万家，比 2019 年底增长 4.7% 和 5.4%；畜牧业合作社中，生猪、肉牛羊和肉鸡合作社数量分别为 13.1 万家、10.5 万家和 3.7 万家，比 2019 年底增长 1.5%、3.4% 和 36%；蛋鸡、奶业合作社数量分别为 2.3 万家、1.3 万家，比 2019 年底减少 4.4% 和 8.0%。服务业合作社比重有所提升。服务业合作社数量增速最快，比 2019 年底增长 7.2%，占合作社总数的比重从 2019 年底的 7.9% 增至 2020 年底的 8.2%，提高 0.3 个百分点。其中，农机、植保服务类合作社数量分别为 9.3 万家、1.7 万家，比 2019 年底增长 3.4% 和 9.0%。从事新产业新业态的合作社发展势头强劲。开展电子商务的合作社 5.4 万家，开展休闲农业和乡村旅游的合作社 1.6 万家，分别比 2019 年底增长 37.4% 和 23.2%。从事民间工艺及制品开发经营的合作社 2 690 家，比 2019 年底增长 29.9%。

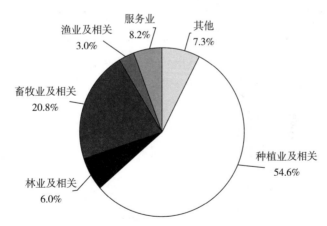

图 2　2020 年底全国农民专业合作社行业分布情况

三、组织农民功能凸显，利益联结更加紧密

成员类型多样，普通农户成员超九成。全国农民专业合作社成员数 6 277.2 万个，社均农户成员 31 个。合作社成员中，普通农户成

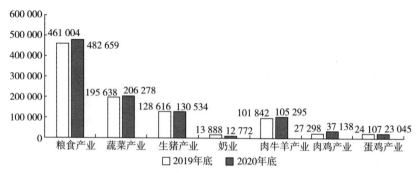

图 3　2019—2020 年种养专业农民专业合作社数量变化情况

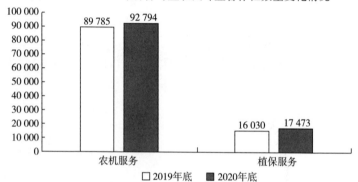

图 4　2019—2020 年服务业农民专业合作社数量变化情况

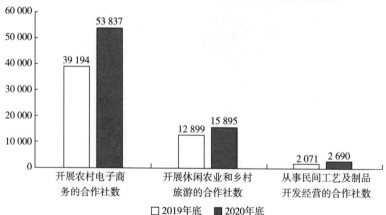

图 5　2019—2020 年从事新产业新业态的农民专业合作社数量变化情况

员 6 014.9 万个、占比 95.8%；家庭农场成员 162.8 万个、占比 2.6%；企业成员 25.5 万个、占比 0.40%。牵头领办人身份多元。由农民牵头领办的合作社 168.5 万家、较 2019 年增加 2.5%，其中由村组干部牵头领办的合作社 24.5 万家、较 2019 年增长 6.4%；由企业牵头领办的合作社 3.7 万家、较 2019 年减少 10.9%。成员出资形式多样，其中货币和土地经营权作价出资成员数占比有所提升。货币出资成员数、土地经营权作价出资成员数分别为 2 011.3 万个、856.6 万个，占合作社成员总数的 32.0% 和 13.6%，较 2019 年底提升 2 个和 1.4 个百分点。有 7.4 万家合作社采取土地经营权作价出资，作价出资土地面积 4 415.0 万亩，社均 594.1 亩。经营水平保持稳定，平均为每个成员盈余返还 1 326.4 元。合作社为成员提供的经营服务总值为 8 827.7 亿元，其中统一销售农产品总值达 6 422.6 亿元，平均为每个成员销售农产品 1 万元；统一购买生产投入品总值达 2 405.1 亿元，平均为每个成员购买生产投入品 0.4 万元。合作社经营收入 5 880.7 亿元，社均 29.2 万元；可分配盈余 832.6 亿元，社均 4.1 万元。全国脱贫地区培育发展合作社 72 万家，235.2 万个建档立卡脱贫户加入合作社。

四、联合与合作蓬勃发展，规模效应逐步显现

截至 2020 年底，农民专业合作社联合社 1.2 万家，比 2019 年底增长 13.5%。联合社成员社 20.3 万个，比 2019 年底提高 61.3%，平均每个联合社拥有 17 个成员社。农民专业合作社联合社经营收入 146.3 亿元，平均每个联合社经营收入 125.4 万元；可分配盈余 19.0 亿元，平均每个联合社可分配盈余 16.3 万元，平均为每个成员社返还盈余 0.9 万元。合作社联合会 1 784 个，较 2019 年底减少 21.1%。成立基层党组织的合作社 3.9 万家、较 2019 年增加 66.7%，合作社成员中党员数 61.5 万人、较 2019 年底增加 10.1%。

2020 年农民负担情况

——农村合作经济统计分析报告之三

据对全国 30 个省、自治区、直辖市（不含西藏，下同）农民负担情况统计数据汇总分析，2020 年全国农民直接承担的各种社会负担、一事一议筹资及以资代劳、上交集体款项总额为 204 亿元，其中各种社会负担和一事一议筹资筹劳持续下降，同时由于上交村集体的土地承包费用增长较快，负担总额比上年增加 9.6 亿元，同比增加 4.95%；人均负担由上年的 19.4 元增加至 20.2 元。

一、农民社会负担继续明显下降

2020 年农民承担的各项社会负担 14.2 亿元，与去年同期相比下降 27.5%。一是有关部门或单位向农民收取的行政事业性收费 13.5 亿元，下降 27.8%。从各省来看，30 个省份行政事业性收费均持续下降，其中辽宁、湖北、甘肃、四川等 4 省行政事业性收费下降超 50.0%。从内容看，各项行政事业性收费均呈下降趋势，计划生育收费 2.8 亿元，下降 39.1%；外出务工经商收费 1.2 亿元，下降 29.5%；农机、摩托车、三轮车和低速载货汽车收费 5.8 亿元，下降 24.7%；有关部门或单位向建房农民收费 1.3 亿元，下降 35.9%；其他行政事业性收费 2.4 亿元，下降 10.7%。二是罚款金额 0.7 亿元，同比下降 17.9%，乱罚款现象继续得到遏制。集资摊派 199.1 万元，同比下降 51.7%。

二、一事一议筹资筹劳持续下降

2020 年一事一议筹资和以资代劳资金 18.4 亿元，同比下降

31.4%。一事一议筹资 12.5 亿元，下降 30.7%；一事一议以资代劳 6.0 亿元，下降 32.9%。一事一议筹资涉及村数 5.1 万个，比上年下降 14.0%。分省看，全国有 27 个省份一事一议筹资和以资代劳金额比上年减少或持平，其中内蒙、吉林、黑龙江、浙江、山东、河南、广东、四川、贵州、云南、甘肃等 11 个省份比上年减少 50% 以上。

三、上交集体款项增长较快，以土地承包费为主

2020 年农民上交集体各种款项 171.4 亿元，比上年增加 23.5 亿元，同比增长 15.9%。一是上交土地承包金 161.1 亿元，同比增长 16.6%，占上交集体各种款项的 94%。其中安徽、内蒙、青海上交土地承包金增幅在 50% 以上，吉林、宁夏、新疆增幅在 45% 左右，湖南、广东、广西、贵州等 4 个省份同比下降，其余省份同比增幅较小。土地承包金的增长主要是因为土地确权之后，部分村集体清理出的"册外地""机动地"增加，一些地区出台了相应的管理措施，村集体对这些土地收取的承包金增长较多。二是向村集体交纳的灌溉、排涝和设施管护等村级共同生产费用接近 2 亿元，比去年下降 2.2%。三是建房农户向村集体交纳的建房费用为 1.8 亿元，比去年增加 0.8%，主要是浙江、江苏、湖北等 3 省建房农户向村集体交纳的建房费用增加，其余省份均不同程度下降或持平。

四、农业生产性收费有所增加

2020 年农业生产性收费 127.8 亿元，比上年增加 7.7%。其中：农业灌溉水费 69.1 亿元，同比增加 16.4%；农业灌溉电费 57.6 亿元，同比下降 0.5%；农业生产性其他收费 1.1 亿元，同比下降 23.0%。农业生产性收费较上年增加，主要是因为部分地区农业灌溉用水费用增加，其中新疆、青海、甘肃、山西、吉林等省份增加比较明显。主要原因：一是部分地区开展水权和用水收费制度改革后水价有所上涨，农业用水收费也更加严格，如新疆实行水权改革后，全疆

农业灌溉水费增加超过 10 亿元，上涨幅度达 60.7%；甘肃酒泉市农业用水单价从每吨 0.141 元上涨至每吨 0.172 元，上涨了 22.0%。二是部分地区遇到干旱天气，如山西南部、吉林松原地区等因为遇到严重的干旱天气，灌溉用水量明显增加。

2020年农经机构队伍情况

——农村合作经济统计分析报告之四

根据全国30个省、自治区、直辖市（不含西藏，下同）农村合作经济统计年报，截至2020年底，全国各级农经机构约2.5万个，农经队伍实有人数约10.1万人。总体看，新一轮机构改革后，全国农经体系的总体布局和框架已基本稳定，各级农经机构队伍运行平稳，在发展壮大农村集体经济、稳定完善农村土地承包关系、加强农村宅基地管理、加快构建现代农业经营体系、统筹推进乡村治理体系建设等方面发挥不可或缺的重要作用。与此同时，也面临着一些突出困难和问题，特别是机构改革以来，省级、地级、县级和乡级农经队伍发展很不平衡，省、地、县三级农经机构和人员数量稳中有增，乡级机构和人员数量下降明显，基层农经行政力量不足且分散，亟待建强机构、充实力量，避免基层农经机构"断线"、职责悬空现象发生，保障农经工作顺利开展。

一、农经机构数量呈现"两降三增"

一是农经机构总量下降。2020年，全国农经机构2.5万个，比上年下降9.7%，其中行政机构6 558个、事业机构18 485个，分别比上年减少1.9%、12.2%。二是乡级农经机构数量下降明显。2020年，全国乡级农经机构21 536个，比上年减少2 758个，降幅11.4%。其中，行政机构、专职事业机构分别占比25.8%、74.2%，乡级农经工作主要由专职事业机构承担。此外，全国还有5 209个乡镇没有明确农经职能的承担机构。黑龙江、吉林部分乡镇撤并站、办、所，将农经职能划入综合服务中心、乡村振兴服务中心等综合性机构；四川由于部分乡镇合并，农经机构数较上年减少近四成。三是省、地、县三级农经机构数量略增。2020 年，全国省、地、县级农经机构分别为 87 个、506 个、2 914 个，分别比上年增长 1.2%、1.8%、1.9%。一些地区根据工作实际增加了地、县级农经机构，如辽宁大连在市现代农业生产发展服务中心设立了农经服务部，朝阳、丹东、营口的部分下辖县（市、区）农业农村局成立了宅基地科、农经执法队等机构。

二、省级、地级、县级和乡级农经队伍发展不平衡

从总体数量看，全国农经队伍人数下降。2020 年，全国农经队伍实有人数 101 183 人，比上年下降 8.0%；在编人数 85 046 人，比上年下降 7.8%。从层级分布看，省、地、县级农经队伍人数稳中略增，乡级明显减少。2020 年，省、地、县级农经队伍实有人数分别为 849 人、2 850 人、21 454 人，分别比上年增长 5.1%、5.2%、0.03%；在编人数分别为 853 人、2 787 人、20 809 人，分别比上年增长 6.5%、8.3%、0.6%。乡级农经队伍实有人数 76 030 人，在编人数 60 597 人，分别比上年下降 10.6%、11.1%。由于乡镇农经机构撤并，河北、吉林、黑龙江、湖北等 10 个省份的乡级农经人员减幅均超过 10%。从人员结构看，县级农经行政力量依然薄弱。2020年，省、地、县、乡四级农经机构在编行政人员分别占在编农经人员总数的 47.5%、26.6%、17.6% 和 30.1%。其中，县级在编行政人员数量比上年下降 5.8%。过去，农经工作多数由事业单位承担，行政与公益服务职责混行。伴随机构改革职责划转，原由事业单位承担的大量农经职责任务改由行政机构履行，但农经行政力量特别是县级行政力量严重不足。

三、基层农经人员素质有所提高

一是九成以上县乡农经机构在编人员学历在中专以上。2020 年，县乡农经机构在编人员 81 406 人，其中中专以上学历 77 487 人，占县乡农经机构在编人数的 95.2%，比上年提高 4.1 个百分点，其中大

专及以上学历占比83.8%。二是基层农经人员专业化程度有所提高。2020年，县乡农经机构在编人员中拥有专业技术职称的34 117人，占县乡农经机构在编人数的41.9%，比上年提高3.3个百分点。其中，高、中级职称分别占比6.9%、21.6%，比重较上年略有增长。三是"新人"比重上升。机构改革中人员、岗位的调整，使县乡农经队伍较以前相对年轻化。2020年，工作3年（含）以下的县乡农经机构在编人员19 119人，比上年增长5.0%，占县乡农经机构在编人数的23.5%，比上年提高3个百分点。

总体看，机构改革后，全国农经机构队伍发展呈现出新的变化：省地县三级农经机构队伍稳中有增，但承担具体工作的乡级农经力量最为薄弱，机构和人员数量下降明显，很难适应日益繁重的农村改革和农经工作实际需要。加强农经机构队伍建设，是落实党的农村基本政策、推动农村改革任务落地、维护农民合法权益的重要组织保障。下一步，围绕贯彻落实好中央农办、农业农村部《关于加强统筹协调扎实做好农村经营管理工作的通知》要求，坚持以工作促体系建队伍，进一步强化工作指导，创新工作方法，推动各地切实加强基层农经机构队伍建设，确保事有人干、责有人负。

2020 年农村宅基地管理利用情况

——农村合作经济统计分析报告之五

根据对全国 30 个省、自治区、直辖市（不含西藏，下同）农村宅基地管理利用情况统计年报数据汇总分析，2020 年农村宅基地管理利用情况如下：

一、宅基地基本情况

（一）**宅基地宗数**。2020 年全国农村宅基地宗数为 26 842 万宗，其中东部地区最多，为 10 087.1 万宗，占全国宅基地宗数的 37.6%；中部、西部、东北地区宗数依次为 8 007.9 万宗、7 392.3 万宗和 1 354.7 万宗。山东、广东、河南宅基地宗数位列全国前三，分别为 2 338.5 万宗、2 327.8 万宗和 2 304.9 万宗。

（二）**"一户多宅"情况**。全国占有一处宅基地、占有两处及以上宅基地的农户数分别为 19 744.6 万户和 1 884.7 万户，"一户多宅"比例为 8.7%。其中，东部地区"一户多宅"比例最高，为 12.3%，中部、西部、东北地区依次为 8.9%、5.7% 和 3.6%。

（三）**非本集体成员占有情况**。全国非本集体成员占有的宅基地宗数为 373.7 万宗，占全国宅基地宗数的 1.4%。其中，东北地区非本集体成员占有宗数比例最高，为 2.4%；东部、中部、西部地区依次为 1.9%、1.2% 和 0.8%。

表1 农户宅基地拥有情况

	占有一处宅基地		占有两处及以上宅基地		非本集体成员占有宅基地宗数	
	农户数（万户）	占比[1]	农户数（万户）	占比[2]	宗数（万宗）	占比[3]
东部地区	6 010.1	87.7%	846.7	12.3%	188.3	1.9%
中部地区	6 323.9	91.1%	615.3	8.9%	92.6	1.2%
西部地区	6 232.9	94.3%	378.2	5.7%	60.4	0.8%
东北地区	1 177.7	96.4%	44.4	3.6%	32.2	2.4%
全国	19 744.6	91.3%	1 884.7	8.7%	373.7	1.4%

注：占比[1]=占有一处宅基地农户数/（占有一处宅基地农户数+占有两处及以上宅基地农户数）；占比[2]=占有两处及以上宅基地农户数/（占有一处宅基地农户数+占有两处及以上宅基地农户数）；占比[3]=非集体成员占有宅基地宗数/宅基地宗数。

（四）宅基地闲置情况。 2020年全国闲置宅基地（地上房屋倒塌或无房屋，以及地上房屋无人居住时间超过一年）总宗数为1 253.8万宗，占全国宅基地宗数的4.7%。其中空闲废弃宅基地（地上房屋倒塌或无房屋）宗数为442.4万宗，占全国闲置宅基地宗数的35.3%。中部地区宅基地闲置率最高，为6.5%；东北、东部、西部地区闲置率依次为6.4%、3.9%和3.3%。安徽、黑龙江和河南宅基地闲置率较高，分别为12.7%、11.9%和6.8%；甘肃、新疆和上海宅基地闲置率较低，分别1.15%、1.24%和1.49%。

表2 全国宅基地闲置情况

	闲置宅基地宗数（万宗）	比例[1]	空闲废弃宅基地宗数（万宗）	比例[2]
东部地区	398.0	3.9%	103.7	1.0%
中部地区	523.4	6.5%	251.2	3.1%
西部地区	245.4	3.3%	69.3	0.94%
东北地区	87.0	6.4%	18.1	1.3%
全国	1 253.8	4.7%	442.4	1.6%

注：比例[1]=闲置宅基地宗数/宅基地宗数；比例[2]=空闲废弃宅基地宗数/宅基地宗数。

二、宅基地管理情况

2020年全国审批宅基地（包括新增宅基地审批和原址翻建审批）宗数、面积分别为479.8万宗、216.5万亩。其中，"农转用"审批宅基地宗数为20.6万宗、面积6.6万亩。2020年全国征收宅基地宗数为136.2万宗、面积为71.5万亩。按照征收面积排序，东部地区最大，为39.0万亩；中部、西部、东北地区依次为19.4万亩、10.8万亩和2.2万亩。

表3 全国审批宅基地情况

	审批宅基地		其中农转用	
	宗数（万宗）	面积（万亩）	宗数（万宗）	面积（万亩）
东部地区	155.5	52.0	5.9	1.8
中部地区	177.5	80.0	7.1	2.2
西部地区	113.9	60.0	6.9	2.2
东北地区	32.9	24.5	0.8	0.4
全国	479.8	216.5	20.6	6.6

三、宅基地利用情况

（一）**宅基地出租情况**。2020年全国出租宅基地宗数、面积分别为207.2万宗、65.3万亩。东部地区宅基地出租比例最高，达到1.4%；西部、东北、中部地区依次为0.56%、0.45%和0.29%。

（二）**宅基地转让情况**。2020年全国转让宅基地宗数和面积分别为64.5万宗、18.7万亩。东部地区宅基地转让比例最高，为0.47%；东北、西部、中部地区依次为0.33%、0.09%和0.08%。

（三）**宅基地有偿使用情况**。2020年全国有偿使用宅基地面积32.4万亩。其中，东部地区最大，为12.5万亩；西部、中部、东北地区依次为11.6万亩、8.0万亩和0.4万亩。

（四）**宅基地有偿退出情况**。2020年全国有偿退出宅基地面积22.0万亩。其中，中部地区最大，为10.2万亩；东部、西部、东北地区依次为 7 万亩、4.7 万亩和 0.03 万亩。

（五）宅基地复垦情况。2020 年全国复垦宅基地面积为 173.4 万亩，其中东部地区最多，为 71.3 万亩，中部、西部、东北地区依次为 53.1 万亩、47.8 万亩和 1.2 万亩。分省看，江苏、安徽和福建宅基地复垦面积位列全国前三，分别为 33.2 万亩、20.9 万亩和 20.7 万亩。

除北京、天津和黑龙江外，有 27 个省开展了城乡增减挂钩，总计面积 60.9 万亩。其中，中部地区利用城乡增减挂钩政策调剂到城市使用的面积最大，为 24.8 万亩；东部、西部、东北地区依次为 19.4 万亩、16.0 万亩和 0.7 万亩。安徽、江苏和湖南城乡增减挂钩调剂使用面积位列全国前三，分别为 11.0 万亩、5.4 万亩和 5.8 万亩。

2020 年乡村治理情况

——农村合作经济统计分析报告之六

据对全国 30 个省、自治区、直辖市（不含西藏，下同）乡村治理情况统计数据汇总分析，2020 年农村自治、法治、德治相关统计情况均较 2019 年有较大幅度提高。其中村务监督、村规民约覆盖率进一步提高，基本实现全覆盖，村民会议或村民代表会议召开次数增长，农村法治宣传教育次数增加，红白喜事简办制度覆盖率提高，村庄规划不断加强，人民调解员队伍覆盖率进一步提高。具体情况如下：

一、村民自治情况

（一）**村务监督组织接近全覆盖**。全国设立村务监督组织的行政村 51.96 万个，覆盖率 99.09%，比上年增加 1.12 个百分点。天津、上海、江苏、浙江、湖南、广东覆盖率最高均为 100%，海南最低为 95.03%。

（二）**村规民约覆盖率较高**。有村规民约的行政村 50.76 万个，全国村规民约覆盖率 96.81%，比上年增加 2.48 个百分点。天津、广东、海南覆盖率最高为 100%，甘肃覆盖率最低为 87.24%。

（三）**东部其他自发性群众社会组织数量较多**。农村其他自发性群众社会组织 18.62 万个，比上年增加 1.26 万个。全国每 100 个村平均拥有其他自发性群众社会组织 36 个，比上年增长 12.50%。分区域看，东部每 100 个村平均拥有 42 个，中部 33 个，西部 34 个，东北 10 个。浙江最多为 110 个，辽宁最少为 8 个。

（四）**村民会议或村民代表会年均召开 7.64 次**。2020 年全国召开村民会议或村民代表会 400.42 万次，比上年增加 33.46 万次，平均每个村召开 7.64 次，比上年增长 14.71%。除江西（3.47 次）之外，29 个省份召开次数均每年超过 4 次，其中，召开次数 4~6 次的有 7 个省份，占 23.33%，6~12 次的有 20 个省份，占 66.67%，超过 12 次的有 2 个省份，占 6.67%。

（五）农村财务公开频率超过平均每季度一次，东部财务公开较好。2020 年农村年内财务公开 283.23 万次，比上年增长 16.38 万次，平均每个村公开 5.40 次，比上年增长 11.57%。分区域看，东部 7.38 次，中部 3.86 次，西部 4.53 次，东北 4.09 次。上海公开次数最多为 11.84 次，广西最少为 2.23 次。

二、农村法治建设情况

（一）"一村一辅警"覆盖率较高。实行"一村一辅警"机制的村 40.96 万个，"一村一辅警"覆盖率 78.12%，比上年增加 8.82 个百分点。湖南覆盖率最高为 99.42%，海南最低为 48.09%。

（二）法律顾问、法律服务工作室覆盖率较高。建立法律顾问、法律服务工作室的村 42.33 万个，法律顾问、法律服务工作室覆盖率 80.73%，比上年增加 6.81 个百分点。广东覆盖率最高为 100%，内蒙古最低为 47.99%。

（三）西部农村法治宣传教育次数较多。2020 年开展农村法治宣传教育 191.20 万次，平均每个村开展 3.65 次，比上年增长 11.28%。分区域看，东部地区平均每个村开展 3.33 次，中部 3.03 次，西部 4.95 次，东北 2.76 次。新疆最多为 13.62 次，河北最少为 1.87 次。

三、农村道德文化情况

（一）红白喜事简办制度覆盖率较高。建立红白喜事简办制度的村 44.70 万个。农村红白喜事简办制度覆盖率为 85.25%，比上年增加 4.96 个百分点。山东最高为 98.58%，广东最低为 45.01%。

（二）东部获得"农村文明家庭"等户数占比较大。全国获得

"农村文明家庭"等称号的农户 1 718.07 万户，平均每个村 32.77户，比上年增加 0.21%。分区域看，东部地区获得"农村文明家庭"等户数 785.91 万户，占 45.74%，中部、西部、东北分别为 436.72万户、448.54 万户、46.90 万户，分别占 25.42%、26.11%、2.73%。

（三）**东部获得"农村道德模范"等人数占比较大。**全国获得各级"农村道德模范"等称号农民 437.24 万人，平均每个村 8.34 人。分区域看，东部"农村道德模范"等人数 154.04 万人，占 35.23%，中部、西部、东北分别为 140.45 万人、126.53 万人、16.24 万人，分别占 32.12%、28.94%、3.71%。

四、农村公共服务情况

（一）**村庄规划不断加强。**全国有村庄规划的村 37.06 万个，比上年增加 2.09 万个。有村庄规划的村占比 70.67%，比上年增加7.19 个百分点。江西有村庄规划的村占比最高为 89.01%，辽宁最低为 49.23%。

（二）**村庄道路全部硬化率进一步提高。**全国村庄内主要道路全部硬化的村 43.93 万个，比上年增加 2.13 万个，占比 83.78%，比上年增加 7.9 个百分点。分区域看，东部村庄内主要道路全部硬化的村占比 85.04%，中部 85.29%，西部 86.04%，东北较低为 56.72%。

（三）**村级服务站覆盖率持续增加。**全国有村级服务站的村37.68 万个，比上年增加 1.98 万个。村级服务站覆盖率 71.86%，比上年增加 7.06 个百分点。东、中、西部村级服务站覆盖率均超过70%，东北较低为 49.19%。广东覆盖率最高为 100%，辽宁最低为 42.85%。

附录

主要指标解释

（一）农业社会化服务情况统计表

1. 农业社会化服务：指各类市场化服务主体围绕农业生产作业链条，根据农业产前、产中、产后需要，提供的各类经营性服务。具体包括农牧渔业相关生产资料供应、农业市场信息、技术集成、农机作业及维修、动植物疫病防控、农业废弃物资源化利用、农产品营销和初加工等服务。

2. 开展农业社会化服务的农民专业合作社数量：指除对本社成员提供服务以外，还对其他农业生产经营主体提供服务的农民专业合作社数量。

3. 开展农业社会化服务的农村集体经济组织数量：指为本村或本村以外的农业生产经营主体提供社会化服务的农村集体经济组织数量。

4. 开展农业社会化服务的企业数量：指为农户等农业生产经营主体提供社会化服务的企业数量。

5. 开展农业社会化服务的各类农业服务专业户数量：指为农户等农业生产经营主体提供社会化服务，且提供农业社会化服务所得收入占总收入 60% 以上的专业户数量。

6. 开展农业社会化服务的其他服务组织数量：指为农户等农业生产经营主体提供社会化服务的其他服务主体数量，包括供销合作社、协会等。

7. 从业人员数：指在本年度内，各类开展农业社会化服务的主体中相对固定的人员数量，包括管理人员、财会人员、农技人员、农机手等。

8. 服务营业收入：指在本年度内，各类服务主体提供农业社会化服务所取得的收入总额。

9. 服务小农户的营业收入：指在本年度内，各类服务主体向小农户提供农业社会化服务所取得的收入总额。其中，小农户是指仅经营家庭承包地的农户。

10. 服务对象数量：指接受农业社会化服务的各类主体数量，包括接受农业社会化服务的小农户和各类新型农业经营主体数量。

11. 农业生产托管：指农户等农业生产经营主体，在不流转土地经营权的条件下，将农业生产中的耕、种、防、收等全部或部分作业环节，委托给服务组织完成或协助完成的农业经营方式。

12. 耕、种、防、收四环节托管服务面积：指小农户和各类新型农业经营主体分别在耕、种、防、收四环节接受托管服务的面积，同一地块接受多次托管服务的累计计算服务面积，如1亩地接受耕、收两次托管服务的，托管服务总面积为2亩次。

13. 小农户托管的面积：指小农户接受服务组织提供托管服务的面积，不包括家庭农场、农民专业合作社、农业企业等新型农业经营主体接受托管服务的面积。

14. 农业生产托管服务组织：指在农业生产的耕、种、防、收等全部或部分作业环节提供托管服务的各类服务主体，主要包括农村集体经济组织、农民专业合作社、企业和服务专业户等，且该类主体提供的社会化服务以生产托管方式为主。

15. 服务粮食作物的面积：指各类农业生产托管服务组织服务粮食作物的面积。其中，粮食作物包括谷物（稻谷、小麦、玉米）、豆类和薯类。

（二）农民专业合作社情况统计表

1. 农民专业合作社数：指按照《中华人民共和国农民专业合作社法》《农民专业合作社登记管理条例》等法律法规登记注册，登记类型为农民专业合作社的数量。

2. 示范社数：指由县级以上（包括县级）农业农村主管部门牵头，会同有关部门，依据示范社创建标准认定的农民专业合作社示范社的数量。

3. 农民专业合作社成员数：指农民专业合作社年末在册成员数量。

4. 普通农户数：指农民专业合作社年末在册成员中身份为农民的成员数量，不包括本表中家庭农场成员数。

5. 建档立卡脱贫农户数：指经过扶贫部门识别，并纳入全国扶贫开发信息系统的建档立卡的农户数量。

6. 家庭农场成员数：指农民专业合作社年末在册成员中身份为农民，且被农业农村部门认定为家庭农场的成员数量。

7. 企业成员数：指农民专业合作社年末在册成员中身份为企业的成员数量。

8. 其他成员数：指按照《中华人民共和国农民专业合作社法》《农民专业合作社登记管理条例》等有关规定加入农民专业合作社的市民、事业单位、社会组织等成员数量。

9. 货币出资成员数：指农民专业合作社中以货币出资为主的成员数量。

10. 土地经营权作价出资成员数：指农民专业合作社中以土地经营权作价出资为主的成员数量。

11. 种植业及相关（合作社数）：指从事粮食作物、经济作物、园艺作物等农作物生产经营服务为主的农民专业合作社数量。

12. 粮食产业（合作社数）：指从事谷物、豆类、薯类生产经营服务为主的农民专业合作社数量。

13. 蔬菜产业（合作社数）：指从事蔬菜生产经营服务为主的农民专业合作社数量。

14. 林业及相关（合作社数）：指从事林木栽培或林区管护，木材、林产品、林下产品生产、加工、销售等服务为主的农民专业合作社数量。

15. 畜牧业及相关（合作社数）：指从事畜禽繁育养殖，畜产品、牧草、饲料生产、加工、销售等服务为主的农民专业合作社数量。

16. 生猪产业（合作社数）：指从事生猪繁育养殖，猪肉生产、加工、销售等服务为主的农民专业合作社数量。

17. 奶业（合作社数）：指从事奶牛、奶羊养殖，牛奶、羊奶生产、加工、销售等服务为主的农民专业合作社数量。

18. 肉牛羊产业（合作社数）：指从事肉牛羊繁育养殖，牛肉、羊肉生产、加工、销售等服务为主的农民专业合作社数量。

19. 肉鸡产业（合作社数）： 指从事肉鸡繁育饲养，鸡肉生产、加工、销售等服务为主的农民专业合作社数量。

20. 蛋鸡产业（合作社数）： 指从事蛋鸡繁育饲养，鸡蛋生产、加工、销售等服务为主的农民专业合作社数量。

21. 渔业（合作社数）： 指从事水产繁育、养殖及捕捞，渔产品生产、加工、销售等服务为主的农民专业合作社数量，包括海水渔业和淡水渔业。

22. 服务业（合作社数）： 指为农业生产者提供产前、产中、产后服务为主的农民专业合作社数量。

23. 农机服务（合作社数）： 指从事农机作业服务为主的农民专业合作社数量。

24. 植保服务（合作社数）： 指从事防治病虫害等植物保护服务为主的农民专业合作社数量。

25. 牵头人身份： 指农民专业合作社的法定代表人（理事长）或牵头领办人的职业身份。农民专业合作社的牵头人由农民担任的，属于农民牵头领办；由企业指派的代表担任的，属于企业牵头领办。

26. 产加销一体化服务（合作社数）： 指为成员提供生产、加工、储藏、包装、销售等环节一体化服务的农民专业合作社数量。

27. 运销服务为主（合作社数）： 指主要为成员提供运输、销售服务的农民专业合作社数量。

28. 加工服务为主（合作社数）： 指主要为成员提供农产品加工服务的农民专业合作社数量。

29. 统一组织销售农产品总值： 指农民专业合作社本年度统一为成员销售农产品的总金额。

30. 统一销售农产品80%以上的（合作社数）： 指农民专业合作社本年度统一为成员销售产品占成员当年销售产品总值80%以上的农民专业合作社数量。

31. 统一组织购买农业生产投入品总值： 指农民专业合作社本年度统一为成员购买的农用生产资料等投入品总金额。

32. 统一购买比例达80%以上的（合作社数）： 指农民专业合作

社本年度统一为成员购买农业生产投入品占成员当年农业生产投入品购买总额 80%以上的农民专业合作社数量。

33. 拥有注册商标的合作社数：指通过直接注册或经授权许可使用商标的农民专业合作社数量。

34. 通过农产品质量认证的合作社数：指取得绿色食品、有机农产品、地理标志农产品等质量认证的农民专业合作社数量。

35. 土地经营权作价出资的合作社数：指以成员承包土地经营权作价出资为主组建的农民专业合作社数量。

36. 作价出资土地面积：指年末在册成员以承包土地经营权作价出资的土地面积。

37. 开展内部信用合作的合作社数：指按照"成员制、封闭型"原则，在成员内部开展信用合作业务的农民专业合作社数量。

38. 参与信用合作的成员数：指本年度参与农民专业合作社内部信用合作的成员数量。

39. 入股互助资金总额：指本年度参与内部信用合作的农民专业合作社成员，以入股方式缴纳的互助资金总额。

40. 成员使用互助资金总额：指本年度农民专业合作社成员使用互助资金的总额。

41. 开展互助保险的合作社数：指本年度开展互助保险业务的农民专业合作社数量。

42. 参与互助保险成员数：指本年度参与农民专业合作社互助保险的成员数量。

43. 成员支付保费总额：指本年度农民专业合作社成员参与互助保险缴纳的保费总额。

44. 成员获得保险赔偿总额：指农民专业合作社成员本年度获得互助保险赔付的资金总额。

45. 创办实体的合作社数：指创办了农产品和其他产品加工、流通、营销等实体的农民专业合作社数量。

46. 开展农村电子商务的合作社数：是指利用互联网等现代信息技术，在网上完成产品或服务的销售、购买和电子支付等业务交易的农民专业合作社数量。

47. 开展休闲农业和乡村旅游的合作社数：指利用土地、闲置农宅等乡村资源要素，开发经营休闲农业和乡村旅游的农民专业合作社数量。

48. 从事民间工艺及制品开发经营的合作社数：指从事民间工艺、开发经营工艺制品的农民专业合作社数量。

49. 农民专业合作社经营收入：指农民专业合作社本年度内通过提供农业生产资料的购买、农产品的销售、加工、运输、贮藏、与农业生产经营有关的技术、信息等服务取得的总收入。

50. 农民专业合作社上缴的税金总额：指农民专业合作社本年度上缴的各类税金总额。

51. 农民专业合作社盈余：指农民专业合作社本年度获得的盈余总额，即经营收益+其他收入－其他支出。

52. 农民专业合作社可分配盈余：指农民专业合作社本年度盈余在弥补亏损、提取公积金后，可在农民专业合作社成员中分配的金额，即可分配盈余=盈余－弥补亏损－提取公积金。

53. 按交易量返还成员总额：指农民专业合作社本年度可分配盈余中，按成员与本社交易量（额）的比例返还给成员的总金额。

54. 按股分红总额：指农民专业合作社本年度以成员账户中记载的出资额、公积金份额、本社接受国家财政直接补助和他人捐赠形成的财产平均量化到成员的份额等，按比例分配给本社成员的盈余总金额。

55. 可分配盈余按交易量返还成员的合作社数：指本年度根据成员与本社交易量（额）比例返还可分配盈余的农民专业合作社数量。

56. 当年获得财政扶持资金的合作社数：指本年度获得各级财政扶持资金的农民专业合作社数量。

57. 当年财政扶持资金总额：指本年度各级财政对农民专业合作社的扶持资金总额。

58. 当年承担国家财政项目的合作社数：指本年度通过招投标、政府购买、委托实施等方式，承担各级政府财政项目的农民专业合作社数量。

59. 当年承担国家涉农项目的合作社数：指本年度通过招投标、政府购买、委托实施等方式，承担各级政府涉农项目的农民专业合作社数量。

60. 当年贷款余额：指本年度末农民专业合作社尚未归还各类金融机构的贷款总额。

61. 农民专业合作社联合社数：指按照《中华人民共和国农民专业合作社法》《农民专业合作社登记管理条例》等法律法规登记注册，登记类型为农民专业合作社联合社的数量。

62. 农民专业合作社联合社成员数：指农民专业合作社联合社年末在册成员社的数量，依据《中华人民共和国农民专业合作社法》，农民专业合作社联合社成员须为农民专业合作社。

63. 农民专业合作社联合社经营收入：指联合社本年度内通过提供农业生产资料的购买、农产品的销售、加工、运输、贮藏、与农业生产经营有关的技术、信息等服务取得的总收入。

64. 农民专业合作社联合社盈余：指联合社本年度获得的盈余总额，即经营收益+其他收入−其他支出。

65. 农民专业合作社联合社可分配盈余：指联合社本年度盈余，在弥补亏损、提取公积金后，可在联合社成员社中分配的金额，即可分配盈余=盈余−弥补亏损−提取公积金。

66. 成立基层党组织的农民专业合作社数：指通过单建、联建、挂靠等方式建立党小组或党支部、党委的农民专业合作社数量。

67. 农民专业合作社成员中党员数：指农民专业合作社成员中中国共产党党员的数量。

68. 农民专业合作社联合会数：指以农民专业合作社为主体自愿联合成立，经民政部门注册登记的社团组织数量。

（三）农民负担情况统计表

1. 上交集体各种款项：指农户年内上交村集体经济组织的全部款项。其中包括以罚款名义收取的款项。不包括一事一议筹资、集资摊派和向有关部门或单位交纳的款项。

2. 土地承包金：指农户以承包金名义向村集体经济组织交纳的各种款项。包括专业或招标承包果园、鱼塘、机动地、"四荒"，按合同规定上交的承包金。

3. 共同生产费用：指农户以"村级共同生产费用"名义向村集体经济组织交纳的各种款项。如：水利设施维修费、灌溉和排涝费、集体林木管护费等。

4. 建房收费：指村集体经济组织向农户收取的有关农民建房方面的款项。如：宅基地费等。

5. （上交集体各种款项）其他款项：指农户向村集体经济组织交纳的上述项目以外的款项，其中包括以罚款名义收取的款项。如：土葬时交纳的款项（墓地占用费、林木补偿费、占用林地安置补偿费等）；对采取村集体经济组织内部家庭承包方式承包的土地，以承包费等名义交纳的费用；计划生育方面的收费。

6. 一事一议筹资筹劳涉及村数：指当年开展一事一议筹资筹劳（包括只筹资、只筹劳、既筹资又筹劳）的总村数。

7. 一事一议筹资：指依据政策规定，经民主程序讨论通过并履行规定的审批程序，当年向农民收取的用于村内农田水利基本建设、植树造林、修建村内道路、农业综合开发等集体生产生活公益事业的资金总额。

8. 一事一议筹资涉及村数：指当年开展一事一议筹资的总村数。

9. 一事一议筹资涉及人数：指当年开展一事一议筹资的总人数。

10. 一事一议筹劳：指依据有关政策规定，经民主程序讨论通过并履行规定的审批程序，当年组织农民出工进行村范围内的农田水利基本建设、植树造林、修建村内道路、农业综合开发等集体生产生活公益事业的用工数。以工日计算。

11. 一事一议筹劳涉及村数：指当年开展一事一议筹劳的总村数。

12. 一事一议筹劳涉及人数：指当年开展一事一议筹劳的总人数。

13. 一事一议筹劳以资代劳工日数：指以资代劳的总工日数。

14. 一事一议筹劳以资代劳资金数：指按照当地规定的工值计算的以资代劳的资金总额。工值乘以资代劳的总工日数即为一事一议筹劳以资代劳总金额。

15. 农业生产性收费：指由政府定价、由有关部门或单位向农户收取的农业生产性费用。主要包括农业灌溉水费、农业灌溉电费等。

16. 农业灌溉水费：指国有水利工程水费、民办民营小型水利工程水费等。

17. 农业灌溉电费：指用电机为动力抽水灌溉农田，消耗电所支出的费用。包括由村集体经济组织为农户承担的电费。

18.（农业生产性收费）其他收费：指上述项目以外的农业生产性收费。如：农业科技推广费、植物保护收费，易涝地区排涝排渍费等。

19. 行政事业性收费：依据 2018 年国家发展改革委、财政部印发《行政事业性收费标准管理办法》，行政事业性收费指国家机关、事业单位、代行政府职能的社会团体及其他组织根据法律法规等有关规定，依照国务院规定程序批准，在实施社会公共管理，以及在向公民、法人和其他组织提供特定公共服务过程中，向特定对象收取的费用。涉及农民的行政事业性收费，包括行政管理类收费（证照工本费）、资源补偿类收费、鉴定类收费等。

20. 农民建房收费：指有关部门或单位向旧房翻建新房、用耕地和非耕地建房户收取的办证工本费和其他收费，如耕地开垦费等。

21. 外出务工经商收费：指有关部门或单位向外出务工经商农民收取的办证工本费和其他收费。

22. 农机、摩托车、三轮车和低速载货汽车收费：指农机是指 20 马力以下的小型方向盘拖拉机（含手扶拖拉机）、20 马力以上的大中型拖拉机（不包括联合收割机）。摩托车是指普通摩托车（最大设计时速大于 50 公里/小时或发动机气缸总排量大于 50 毫升，包括二轮、三轮）、轻便摩托车（最大设计时速小于等于 50 公里/小时或发动机气缸总排量小于等于 50 毫升）。三轮汽车是指原三轮农用运输车，以柴油机为动力，最高设计车速小于或等于50公里/小时，具有三个车轮和驾驶室，采取方向盘转向、由传动轴传递动力。低速载货汽车是指原四轮农用运输车，以柴油机为动力，最高设计车速小于或等于70公里/小时，具有四个车轮的货车。

农机、摩托车、三轮车、低速载货汽车收费是指有关部门或单位收取的农机监理费（号牌、号牌架、行驶证、年检费等）、养路费，摩托车、三轮车、低速载货汽车牌证费、行驶证、驾驶证、驾驶员考试费、养路费等项收费。不包括载货汽车、载客汽车和微型客、货汽车的收费。

23. 计划生育收费：指有关部门或单位向农村生育户收取的办证工本费、社会抚养费和其他收费。

24. （行政事业性收费的）其他收费：指上述项目以外的收费。如：有关证照工本费（身份证、结婚证等）、殡葬收费、生猪屠宰收费和矿产资源补偿费等。

25. 农村义务教育收费：指政府举办的农村小学、初中向学生收取的教育费用，包括作业本费、代办费、其他收费。不包括各种教育集资和高中、职业高中、中等专业学校、私立学校及高等教育学校等收取的费用。作业本费指政府举办的农村小学、初中向学生收取的作业本费用。代办费指保险费、校服、体检费、课外读物费、电影费、补课费等。其他收费指作业本费、代办费以外的教育收费，如：借读费、住宿费等，不包括伙食费。

26. 农村义务教育在校学生数：指政府举办的小学、初中在校的学生数。

27. 罚款：指各级政府及其部门和有关单位以"罚款"名义向农户收取的款项。

28. 集资摊派：指地方政府、各部门和村集体经济组织为了兴办某项事业和某项建设向农户筹集、摊派的款项。如：乡村道路集资摊派、水利集资摊派、办电集资摊派、报刊摊派、保险摊派、电影摊派等款项。不包括一事一议筹资。

（四）农经机构队伍情况统计表

1. 农经机构：是指地方各级人民政府设立的专职承担农村经营管理职能的机构数量，如行政性的处、办、科、股和事业性的农经站、会计辅导站、土地流转服务中心、专业合作经济组织服务中心等，两块牌子一套人马的按 1 个机构统计。

2. 乡级机构数：指乡镇一级设置的承担农村经营管理职能的工作机构数。有的地方由行政机构承担，有的地方由专职事业性机构承担。

3. 职责明确由行政机构承担的（乡级机构数）：指乡镇一级已明确承担农村经营管理职能的行政机构数量。按照国务院要求，乡镇农村经营管理职能列入政府职责，一些地方明确了在乡镇政府中承担农经职能的工作机构，一般这些工作机构还承担其它职能，但只要明确承担农经职能就应纳入统计范围。

4. 职责由专职事业机构承担的（乡级机构数）：指乡镇一级专职承担农村经营管理职能的事业性机构数。

5. 实有人数：指农经机构中实际在岗人员总数。单设机构按照全部在岗人员统计。

6. 在编人数：指占用农经机构人员编制的人员数，即在编在岗和在编不在岗人员数之和。

7. 专业技术职称人数：指在编人员中经国家有关部门考评取得相应资格并由单位聘任为相应技术职务的人员数。

8. 未明确承担农经职能机构的乡镇数：指没有明确承担农村经营管理职能的机构的乡镇数，既没有单独设置，也没有分解设置承担农经职能机构的乡镇数。

9. 职责分解设置的乡镇机构数：指由多个乡镇机构分散承担农村经营管理工作职能，且非专职承担农经工作职能的机构数。如农业综合服务站（中心）、财政（经）所等。此类型机构不计入乡级农经机构总数。

（五）农村宅基地管理利用情况统计表

1. 宅基地宗数：指本行政区域内农村村民住宅及其生活附属设施占用的集体建设用地（包括住房、附属用房和庭院等占地）的宗数。统计范围包括已经建设住宅的土地、建过住宅但已废弃或拆除的土地，以及已经批准为宅基地但尚未开展建设的土地，不包括集中上楼安置的农民住宅占地情况。

2. 非本集体成员占有的宅基地宗数：指非本集体经济组织成员通过继承农房或其他方式占有的宅基地宗数。

3. 闲置宅基地宗数：指地上房屋倒塌或无房屋的宅基地，以及地上房屋无人居住时间超过一年的宅基地宗数。

4. 空闲废弃宅基地宗数：指地上房屋倒塌或无房屋的宅基地宗数。

5. 审批宅基地宗数和面积：指统计年度内，地方政府依法批准使用宅基地的宗数和面积。包括原址翻建、改扩建、异址新建等占用土地。

6. 农转用宗数和面积：指统计年度内，地方政府依据《土地管理法》有关规定，将农用地转为建设用地，并确定为宅基地的宗数和面积。

8. 征收宅基地宗数和面积：指统计年度内，县级及以上地方人民政府为了公共利益需要，依照法定程序和权限征转为国有土地的宅基地宗数和面积。

9. 出租宅基地宗数和面积：指统计年度内，农村村民将使用权出租给他人的宅基地宗数和面积。

10. 转让宅基地宗数和面积：指统计年度内，农村村民将使用权转让给他人的宅基地宗数和面积。

11. 有偿使用宅基地面积：指统计年度内，由村集体在民主协商基础上收取有偿使用费的宅基地面积。包括本集体成员占用超出本省（区、市）规定标准部分的宅基地，以及非本集体成员通过继承房屋或其他合法方式占用的宅基地。

12. 有偿退出宅基地面积：指统计年度内，农村村民按照自愿有偿的原则，退还给村集体的宅基地面积。

13. 复垦宅基地面积：指统计年度内，通过工程和生物技术等手段，将宅基地复垦为耕地等农用地的面积。

14. 城乡增减挂钩调剂使用面积：指统计年度内，利用城乡建设用地增减挂钩政策，将宅基地复垦腾退的建设用地指标调剂到城市使用的面积。

（六）乡村治理情况统计表

1. 有村务监督组织的村数：指依据《村民委员会组织法》和中办国办《关于建立健全村务监督委员会的指导意见》，设立村务监督委员会、村务监督小组等村务监督组织，对村务、财务管理等情况进行监督，受理和收集村民有关意见建议的村数。

2. 年内财务公开的次数：指年内通过一定的形式（如上公开栏张贴、电子触摸屏、发放资料等）和程序将本村财务情况告知全体村民的次数。

3. 有村规民约的村数：指结合本村实际，通过征集民意、拟定草案、提请审核、审议表决、备案公布等程序，制定村规民约的村数。

4. 年内召开村民会议或村民代表会议的次数：指年内依据《村民委员会组织法》召开村民会议和村民代表会议的次数。

5. 其他自发性群众社会组织数：指红白理事会、"五老会"、道德评议会、村民说事议事会等群众社会组织的数量。

6. 实行"一村一辅警"的村数：指通过聘用、派驻等方式在村内设置辅警的行政村数量。

7. 建立法律顾问、法律服务工作室的村数：指在村民委员会建立法律服务工作室，或者设有法律顾问为村民提供法律服务的行政村数量。

8. 年内开展农村法治宣传教育的次数：指在行政村内通过法律知识宣传、以案说法、开庭审判等方式开展农村法治宣传教育的次数。

9. 建立红白喜事简办制度的村数：指通过村规民约、红白理事会章程等方式，对村民操办红白喜事提出规范要求的行政村数量。

10. "农村文明家庭"等户数：指获得各级政府评选的农村文明家庭、星级文明户、农村最美家庭、五好家庭等称号的户数。

11. "农村道德模范"等人数：指获得各级政府评选的农村道德模范、感动人物、身边好人、最美人物等称号的人数。

12. 有乡村特色文化产业的村数：指依据《乡村振兴战略规划（2018—2022年）》，在保护传承乡村特色文化的基础上，创造性转化、创新性发展，培育发展乡村特色文化产业的行政村数量。

13. 有村庄规划的村数：指依据《中华人民共和国城乡规划法》、《村庄和集镇规划建设管理条例》《村镇规划编制办法》等要求，编制了村庄规划的行政村数量。

14. 有村庄道路全部硬化的村数：指村内街巷的道路已全部通过覆盖沥青混凝土、水泥混凝土等硬化层实施硬化的行政村数量。

15. 有农村服务站的村数：指在村内建立为农民群众提供政务、缴费、信息、技术等便民服务的农村社区综合站的行政村数量。

图书在版编目（CIP）数据

中国农村合作经济统计年报.2020年／农业农村部农村合作经济指导司编.—北京：中国农业出版社，2022.1

ISBN 978-7-109-29095-2

Ⅰ.①中… Ⅱ.①农… Ⅲ.①农村合作经济—统计资料—中国—2020—年报 Ⅳ.①F325.12-66

中国版本图书馆 CIP 数据核字（2022）第 005383 号

中国农村合作经济统计年报（2020 年）
ZHONGGUO NONGCUN HEZUO JINGJI TONGJI NIANBAO(2020 NIAN)

中国农业出版社出版
地址：北京市朝阳区麦子店街 18 号楼
邮编：100125
责任编辑：周益平 李海锋
版式设计：杜 然 责任校对：吴丽婷
印刷：中农印务有限公司
版次：2022 年 1 月第 1 版
印次：2022 年 1 月北京第 1 次印刷
发行：新华书店北京发行所
开本：880mm×1230mm 1/32
印张：3.75
字数：110 千字
定价：38.00 元